W0417966

Les terrines

Du même auteur

Le livre des épices et des herbes, flammarion, 1986.

Mes meilleures tartes, Solar, 1987.

Gâteaux secs, biscuits, cookies, Solar, 1987.

Les grandes gâteaux de fêtes, Solar, 1987.

La cuisinière normande, éditions Créer, 1995.

Gratins et soufflées, OPEASI, 1997.

Tartes salées, tartes sucrées, Ouest-France, 1998.

Le chocolat, éditions Gisserot, 2000.

Recettes de la cuisine au gros sel, Ouest-France, 2000.

La bonne cuisine économique, éditions Gisserot, 2001.

Cuisiner les coquillages, éditions Gisserot, 2001.

La cuisine normande, éditions Gisserot, 2002.

Jean-Louis Robert

Les terrines

Sauf indication contraire les photographies sont
de Marie-France Robert

EDITIONS JEAN-PAUL GISSEROT

Introduction

Les terrines sont particulièrement satisfaisantes pour le cuisinier, car elles lui permettent de préparer à l'avance toutes sortes de mets : poissons, crustacés, viandes, volailles, abats, gibiers, légumes et même fruits : tout peut être préparé sous forme de terrine.

Confectionner une terrine dans sa cuisine,c'est le rêve de toute bonne cuisinière.

Vous trouverez dans ce livre des terrines pour toutes les occasions et pour tous les bubgets. Certaines vous permettrons d'accomoder astucieusement des restes, d'autres mettront en valeur les ingrédients les plus nobles.

Avec un matériel de base et en respectant scrupuleusement des indications fournies par les auteurs vous réaliserez de délicieuses terrines aussi agréables pour l'œil que pour le palais ...

N'hésitez pas à vous lancer dans la confection d'une première terrine. elle vous donnera le goût d'en faire d'autres. Décorez-les suivant les saisons.

M.F. et J-L Robert

Les épices

Les épices vont parfaire et personnaliser pâtés et terrines. Préférer les épices moulus ou râpés au dernier moment, pour obtenir alors la quintessence des parfums.

Les doses données sont précises, mais ne pas hésiter à oser des mélanges nouveaux et à apporter ainsi une note personnelle.

Mais il faut se souvenir qu'en général on assaisonne moins les terrines de haut de gamme, davantage les préparations courantes, et que l'on évite le poivre avec les légumes. On doit lui préférer le gingembre qui existe aussi en poudre.

Les herbes aromatiques

Le choix est grand. Laissez-vous tenter par des utilisations peu habituelles, en sachant éviter les excès de mélange. Prendre pour base de dosage 1 à 2 g au kg. Préférer les herbes aromatiques fraîches, sauf pour la sauge dont le parfum se bonifie en séchant.

Les alcools

Pour améliorer vos préparations, n'utiliser que des produits de qualité, car médiocres ils n'apportent que déceptions.

Cognac, Armagnac : pour foie gras, terrines de foies de volaille... 1 à 2 cl par kg.

Liqueurs anisées : pour les préparations à base de poisson : 1/2 à 1 cl par kg. Si vous m'aimez pas ce goût anisé, utiliser le *Vermouth*, en particulier le *Cinzano blanc.*

Madère, Xérès, Porto blanc seront réservés pour les préparations de haut goût : 2 à 3 cl par kg.

Les légumes aromatiques

Ail, oignon, échalote... le choix est déterminé par la qualité ou le genre de la terrine ou du pâté. En général, l'échalote est réservée aux préparations délicates. L'oignon-échalote passe partout, car il est d'utilisation facile. Lorsque la présence de l'ail est indispensable, rien ne le remplace, et ne pas oublier de bien le broyer.

Les fruits aromatiques

Le jus de citron a un double rôle, il est aromatisant et empêche les légumes de noircir à l'épluchage et à la cuisson. A part le zeste et le jus d'orange, on utilise peu d'autres fruits.

Le salpêtre

Référencé E 252, le salpêtre est le nom commun du nitrate de potassium. On le trouvera facilement en pharmacie.

L'utilisation du salpêtre dans la charcuterie remonte à l'Antiquité et son usage a dû sans doute être découvert par hasard.

Le salpêtre purifié est mélangé à raison de 10 % du poids de sel (dose réglementée et qui ne doit pas être dépassée). Associé au sucre, son usage confère aux préparations de charcuterie cette teinte rosée si appétissante.

Il faut impérativement respecter les doses conseillées, un excès aurait l'effet contraire et donnerait des préparations verdâtres et sèches.

Le sucre

Il semble surprenant de parler de sucre pour des préparations essentiellement salées. Sa présence, qui doit rester discrète (0,5 à 1 %), réduit l'amertume des farces à base de foies et contribue aussi à la formation d'un goût agréable.

Le sucre est toujours ajouté lors de la présence du salpêtre : il en favorise l'action.

Les fruits secs

Ils amènent à la fois originalité et goût agréable. On peut les introduire dans la farce ou pour la décoration. A votre disposition : noix, noisettes, amandes, noix de cajou, noix de pécan, pruneaux, raisins, fruits confits à l'aigre doux ou au vinaigre.

Les truffes

Préférer les truffes fraîches, en conserve, leur parfum est souvent décevant.

Les champignons

Ils ont à la fois le parfum et la présentation. Notez que l'adjonction aux champignons frais ou de conserve de champignons séchés (réduits en poudre) apporte une note aromatique des plus agréables.

Lier et alléger

Il est important que la farce soit bien liée, rien de plus désagréable qu'un pâté qui se désagrège en se coupant. Solidité et légèreté ne sont pas incompatibles.

Lors de la préparation des différentes farces, on est parfois amené à ajouter un élément de liaison complémentaire ou à alléger, et même lier et alléger conjointement.

A chaque fois que cela s'avère utile, ces divers éléments sont indiqués. Ils sont variables en fonction de la composition de la farce.

Les éléments suivants sont à votre dispositions pour lier :

- **Le sel**. Présent dans toutes les préparations. En agissant sur la viande, il en favorise le pouvoir de liaison : mais attention, saler la viande dès le début de la confection de la recette. Il s'utilise de 16 à 20 g par kilo de viande.

- **Les œufs**. Merveilleux liant facile à utiliser. N'employer que le blanc dans les terrines où l'on doit conserver la blancheur (poisson blanc, céleri etc.). Mais le jaune n'est pas négligeable, sa présence apporte du moelleux.

- **La mie de pain**. Obtenue à partir de pain (normal ou de mie) émietté, râpé. On l'utilise tel quelle, imbibée de lait, de crème ou de jus. Elle lie et allège les préparations. Sa présence est aussi utile pour faire baisser le coût de la préparation.
Son utilisation est parfaite avec les terrines de foies, de poissons, de volailles, de légumes. Elle n'est pas indiquée systématiquement dans les recettes, on peut l'utiliser pour raffermir une farce. Il faudra seulement tenir compte pour l'assaisonnement que le pain est salé.

Les marinades

Il existe plusieurs sortes de marinades, mais retenons la marinade cuite qui nous intéresse par son double rôle : elle attendrit les viandes et elle va parfaire vos préparations à base de viande (on ne fait mariner que très rarement le poisson), en répartissant les différents arômes.

Pour préparer la marinade cuite, on évite sel et poivre (leur présence rendrait difficile le dosage final de l'assaisonnement), de même le vinaigre qui en modifiant le comportement des viandes nuit à l'homogénéité de la préparation.

L'assaisonnement des marinades par kilo de viande

• Première marinade : pour bœuf et volailles

Huile 20 g - Carotte 30 g - Échalote 20 g - Oignon 20 g - Ail 1 gousse - Piment de la Jamaïque écrasé 3 baies - Queues de persil -Thym, - laurier - Vin blanc 4 dl.

• Deuxième marinade : pour gibier
Huile 20 g - Carotte 30 g - Échalote 20 g - Oignon 20 g - Ail 2 gousses - Sauge 2 g - Sarriette 2 g - Genièvre 5 baies - Vin rouge 4 dl.

Préparation : valable pour les deux marinades
Hacher les légumes, écraser l'ail, les faire revenir dans l'huile sans les colorer, ajouter le vin et les aromates, cuire à feu très doux pour éviter l'évaporation (20 mn), laisser refroidir, passer au *chinois* ou à défaut au travers d'un filtre à café en papier. Ces marinades servent à aromatiser les morceaux de viande qu'on laissera entiers dans la terrine ; suivre les recettes et n'incorporer la marinade à la farce que si cela est précisé.

Les décors

Attelets

Ce sont ces petites broches agrémentées à leur extrémité d'un petit sujet en rapport avec la terrine à décorer, souvent en métal argenté, ce qui permet de parfaire la présentation des pièces exposées.

On peut les garnir avec : truffes, champignons, tomates, citrons histories, crevettes, gelée, en général un décor ayant un rapport avec la pièce présentée.

Gelée

Découpée à l'emporte-pièce, on obtient de petites pièces décoratives : rond, triangle, étoile, etc., on peut aussi hacher la gelée et la disposer autour de la pièce à décorer.

La gelée doit toujours être de qualité et aromatique, salée ou sucrée.

L'emploi des gelées toutes prêtes est facile, il faut seulement respecter quelques précautions. La pièce qui doit être glacée, doit être froide ; la gelée suffisamment refroidie ne s'utilise qu'au moment où elle commence à se figer.

Si l'on fait des décors découpés, verser la gelée dans un plat, attendre qu'elle durcisse... mais pas de séjour au freezer, elle perdrait sa transparence.

Légumes et fruits

On dispose de petits morceaux de légumes, des fruits éventuellement découpés de façon artistique, pour les recouvrir de gelée.

Un décor suivant la saison

- en automne : châtaignes avec feuilles de bogue, raisins frais et feuilles de vigne, figues, carottes et fanes de carottes.

- en hiver : sauges, persils, ciboulettes, légumes en conserves ou surgelés.

- en été : fraises avec feuilles, framboises avec feuilles, cerises, pommes, etc.

Les feuilles, les fruits et tous les décors doivent-être lavés et séchés avant de les disposer sur la terrine.

Pour plus de rafinement, faire une gelée fine et avec un pinceau, mouiller les décors, ils n'en seront que plus jolis et brillants.

Terrine de lapin au poivre vert, décorée de carottes.

Terrine décorée de figues et feuilles de figuier, passée au pinceau avec de la gelée.

La matière première

Les viandes

Les viandes de porc, veau, volaille, poisson ne doivent être utilisées qu'à partir de produits très frais. Ne pas hésiter à se faire conseiller pour obtenir un bon résultat.

Le lard ou gras

C'est l'élément qui va donner du moelleux aux préparations. Souvent les terrines et les pâtés faits à la maison sont secs, ceci est dû à un manque de matière grasse. Les recettes de ce livre comportent la juste dose de matière grasse.

Il existe dans un même porc des morceaux de gras qui ont moins tendance à fondre et qui sont réservés aux fabrications des terrines et pâtés. Les gras plus fondants sont utilisés pour les rillettes, il suffit de le spécifier au fournisseur.

Photo JPG

Les foies

Les plus prestigieux sont ceux de l'oie et du canard ; le foie de veau est considéré comme très savoureux ; le foie de porc est le plus utilisé en charcuterie ; les foies de volailles sont bon marché et très parfumés ; enfin les foies (moins chers) de génisse et de bœuf, peuvent aussi être utilisés. Pour chaque préparation votre boucher saura vous conseiller celui qui s'adapte le mieux à la conception de votre terrine.

Les bardes

Ce sont de minces tranches de gras de porc qui servent parfois à garnir l'intérieur et la surface de la terrine.

Elles évitent le dessèchement et se veulent aussi être un élément de décoration.

La crépine, toilette, coiffe ou épiploon

C'est le repli du péritoine, abat qui est relié à la rate. Il sert d'enveloppe pour les crépinettes et pour les terrines à qui il donne ces raies marbrées et grasses qui assureront ainsi tenue et belle présentation à la terrine.

conseils

Pour l'utiliser il est indispensable de la rincer abondamment à l'eau courante. Si vous ne devez pas vous en servir de suite, la faire tremper 20 mn dans de l'eau froide, additionnée de 10 cl de vinaigre blanc puis l'égoutter et la sécher au papier absorbant. Saler à raison de 20 g au kilo et réserver au froid.

La couenne

C'est l'épiderme du porc, débarrassé de ses soies. La couenne est considérée comme un abat.

Si elle est très prisée par les Chinois, en France son utilisation est réglementée et limitée pour les professionnels de la charcuterie.

A plusieurs reprises, les pieds de porc qui contiennent une forte partie de couenne seront cités dans les recettes de ce livre. Ce sont des éléments qui, bon marché, apportent liant et onctuosité désirables dans des préparations bien précises. Ne pas acheter les pieds déjà cuits. Couennes et pieds seront par contre toujours lavés soigneusement et largement cuits avant d'être utilisés.

Le moule à tarte en métal (pour les tourtes)

Préférer le moule avec un revêtement anti-adhésif au moule aluminium non traité.

Le moule en métal étamé

Il est le moins cher, mais nécessite un entretien plus délicat, et un étamage souvent très fin.

Le moule en porcelaine ou en Pyrex

Il est souvent fragile, et il a l'inconvénient de garder l'humidité de la tourte. Cependant il est parfait pour les tartes ou les tourtes salées, devant être servies chaudes. On peut alors l'utiliser comme plat de service.

Le moule démontable

C'est une bonne solution qui permet de démouler facilement une préparation qui ne doit pas rester dans le moule.

conseils

Le cercle à tarte

A bord droit, c'est une sorte de moule sans fond, réservé en principe aux professionnels. On le trouve soit étamé, soit en inox, et il a une très longue longévité. On peut se le procurer dans les magasins de fournitures pour pâtissiers, cuisiniers.

Le cercle à tarte s'utilise après avoir été beurré, il se pose sur du papier de cuisson ou sur une plaque légèrement beurrée. Ce cercle est à garnir en laissant sur place (sur une plaque). N'ayant pas de fond, il est délicat à manipuler une fois garni. Le cercle est à éviter s'il doit recevoir une garniture très liquide (genre quiche). Le démoulage des tartes est particulièrement aisé.

Le moule à manqué

Il est réservé pour certaines tourtes ou des préparations assez hautes. En cuivre étamé, il est surtout utilisé par les cuisiniers.

Terrine décorée de fraises du jardin avec feuilles et fleurs.

La conservation

Le pâté et la terrine une fois cuits, il est important de les faire refroidir rapidement en les mettant dans un endroit frais avant de les conserver au froid.

Si on désire une préparation homogène, ce qui est préférable pour une bonne conservation et présentation (absences de trous qui finissent par verdir), il faut utiliser une planchette recouverte de papier aluminium que l'on dispose sur la préparation, avant qu'elle ne soit complètement refroidie et y placer un poids pour tasser la terrine. Dès que la graisse fondue qui entoure le pâté ou la terrine est figée, retirer la planchette et disposer au froid pour vingt-quatre heures avant de déguster.

On peut aussi en parfaire la présentation en la recouvrant d'une fine couche de saindoux ou de gelée.

La terrine peut se surgeler, mais il est préférable de le faire avant la cuisson.

Les pâtes

Pour 0,900 kg de pâte (N° 1) de qualité :

- 300 g de farine 55,
- 100 g de farine levante,
- 100 g de farine de sarrasin,
- 300 g de gras de porc, passé à la grille fine ou au cutter, ou du saindoux (ce gras donne du croustillant à la pâte),
- 1 œuf,
- 18 g de sel.

Mélanger les farines, incorporer le gras, l'œuf, et le sel dissout dans l'eau. Utiliser ensuite un mélangeur (cutter) ou le faire à la main, pour obtenir une pâte homogène.

Couvrir d'une feuille de plastique, disposer au froid 20 mn puis utiliser.

Cette pâte peut se congeler.

Collection de pots à rillettes

Pâte à pâté

Pour 800 g de pâte (N° 2) classique :

500 g de farine 55,
140 g de saindoux,
8 cl d'eau et 8 cl de lait mélangés,
140 g de saindoux ramolli,
12 g de sel.

Ramollir le saindoux en le coupant en dés. Disposer la farine sur la planche à pâtisserie, faire un puits dans celle-ci, travailler du bout des doigts pour y incorporer le saindoux.

Mouiller petit à petit avec le mélange eau, lait et sel, pétrir et fariner une boule, recouvrir d'un film plastique pour garder frais au moins 2 heures.

Cette pâte peut se faire au robot-coupe et est très satisfaisante.

Pâte à coulibiac (N° 1)

C'est une pâte briochée sans sucre. Pour 1,300 kg :

500 g de farine,
250 g de beurre fondu,
6 œufs,
25 cl de lait tiède,
15 g de levure de boulanger,
15 g de sel.

Tamiser la farine dans un récipient, y creuser une fontaine (trou dans la farine), y émietter la levure pour la fondre dans le lait.

Mélanger superficiellement, couvrir, laisser lever à température ambiante en évitant les courants d'air. Il va se former des fissures à la surface, signe que la pâte monte bien.

Faire fondre doucement le beurre, y ajouter les œufs et le sel, et verser ce mélange sur la farine.

Bien mélanger en battant pour obtenir une pâte légère et homogène, puis pétrir la pâte à la main pour réaliser une pâte lisse et pas trop molle (sinon ajouter un peu de farine).

Faire une boule avec cette pâte, poudrer d'un peu de farine et couvrir d'un torchon. Faire lever dans un endroit tiède.

Dès que la pâte a doublé de volume, la mélanger du bout des doigts très doucement et la faire reposer une seconde fois, elle sera alors disponible.

Pâte à coulibiac (N° 2)

C'est une pâte briochée avec un peu de sucre. Pour 1,100 kg :

700 g de farine,
100 g de beurre,
2 dl de lait,
1 œuf,
10 g de sucre en poudre,
40 g de levure de boulanger,
15 g de sel.

Même préparation que le N° 1.

Pâte à tourte (N° 3)

Cette pâte est facile à réaliser lorsqu'on ne dispose pas de feuilletage.

250 g de farine,
250 g de beurre froid,
250 g de fromage blanc maigre,
12 g de sel.

Travailler ensemble le beurre détaillé en copeaux, la farine, le fromage, le sel. Disposer au réfrigérateur pour 1 heure avant de l'utiliser.

Feuilletage normal

Pour obtenir environ 1,200 kg de pâte

500 g de farine 55,
260/280 g d'eau,
18 g de sel,
500 g de beurre.

C'est une pâte légère, friable, très agréable lorsqu'elle est parfaitement réalisée.

La qualité de la farine est très importante, il faut pour cela utiliser une farine de type pâtisserie. Respecter les quantités d'eau, ne pas oublier le sel. Le sucre est facultatif et fausse souvent la cuisson par la coloration qu'il apporte.

Le mélange farine-eau-sel appelé « détrempe » doit avoir une consistance semblable au beurre que l'on va utiliser. Détrempe et beurre ne doivent être ni trop durs ni trop mous et, de plus, être à la même température. Une pâte trop froide bloque le beurre, une pâte trop chaude le fait ramollir. Le délicat feuilletage est obtenu par l'alternance de couches de pâte et de minces couches de beurre qui, en séparant les premières, donnent à cette préparation sa structure inimitable, obtenue par une série de pliages appelés tours.

Un temps de repos entre chaque tour assure un raidissement du beurre pendant que la pâte va perdre une partie nuisible de son élasticité.

Si le feuilletage a été préparé la veille, ce qui est parfait, avant de l'étendre sur le plan de travail, il faut le laisser séjourner un moment à la température ambiante afin qu'il retrouve sa souplesse. Lors du garnissage des moules ou des cercles, il faut piquer les fonds avec une fourchette. Le fait de piquer l'ensemble de la pâte avant le garnissage du moule provoque des trous sur les rebords et l'aspect devient disgracieux. Tous les feuilletages se cuisent à four chaud au début : sous l'action brutale de la chaleur, l'eau que contient la pâte va s'évaporer et soulever ainsi les couches successives qui, séparées par le beurre, ne se collent pas entre elles. La fin de la cuisson s'opère à four plus doux.

Préparation de la détrempe : disposer sur le plan de travail la farine en couronne (fontaine). Placer le sel, l'eau froide et 40 g de beurre au milieu. Mélanger sans trop travailler. Faire une boule de l'ensemble. Laisser reposer de 10 à 15 mn afin de rendre la pâte moins élastique.

Tourage : le tourage consiste à incorporer le beurre à la pâte d'une façon bien particulière. Étaler la détrempe (boule de pâte) en écrasant les bords avec le rouleau, de façon à former une sorte de croix dont le centre est plus renflé. Sur cette partie bombée, disposer le beurre (qui doit avoir la même consistance que la détrempe), éventuellement donner quelques coups de rouleau sur le beurre afin de le ramollir.

Replier les quatre angles de pâte sur le beurre pour obtenir alors ce que les professionnels appellent un « pâton ». Reprendre le pâton, l'abaisser en une bande rectangulaire qui doit être trois fois plus longue que large. Replier cette bande en trois parties comme on le ferait pour plier une serviette.

Le premier tour vient d'être fait. Pour le second, faire tourner le pâton sur lui-même d'un quart de tour puis l'allonger. On dit que la pâte a deux tours. Pour s'en souvenir, le pâtissier fait, avec deux doigts qu'il enfonce dans la pâte, un signe qui lui rappelle que le feuilletage a effectivement deux tours.

La pâte doit reposer 30 mn au frais, recouverte d'un linge ou d'un film plastique. Donner deux nouveaux tours. Observer le même temps de repos. Puis recommencer une dernière série de deux tours. Le feuilletage final sera donc composé de six tours. Laisser reposer plusieurs heures au frais avant de l'utiliser.

Le feuilletage peut se préparer à quatre tours la veille, ce qui est préférable, les deux derniers tours étant faits 2 heures avant l'utilisation.

Oignons à l'escoffier ou à la Monégasque

Très agréable en hors-d'œuvre et parfait avec les viandes froides ou la charcuterie.

Photo JPG

Ingrédients :

1kg d'oignons dit "grelots" de 20 mm de diamètre, soit 850 g épluchés,
1,5 dl de vinaigre de vin de qualité,
2,5 dl de vin blanc,
1,5 dl d'huile d'olive,
100 g de sucre,
150 g de raisins blonds,
50 g de raisins de corinthe,
80 g de tomate concentrée,
15 g de coriandre (graines),
20 g de poivre blanc de préférence (grains),
4 clous de girofle,
15 g de sel.

Temps de préparation : 50 min.
Tremper durant une heure les oignons dans l'eau froide, ce qui facilite l'épluchage.

Faire un caramel blond et y verser le vin blanc, le vinaigre avec méfiance car il peut se produire des projections. Remettre sur le feu pour dissoudre le sucre, ajouter alors tous les ingrédients sauf la tomate pour une heure de cuisson. Vérifier que les oignons soient tendres, à ce moment ajouter la tomate pour une ébullition d'une minute.

Poires aigre-douce

Temps de préparation : 40 min.

Ingrédients :

1 kg de poires vertes et dures ou davantage pour garnir le bocal,
300 g de sucre,
1/3 l de vinaigre d'alcool 6°,
2/3 l d'eau.
cannelle, muscade.

Eplucher les fruits. Porter à ébullition le vinaigre et le sucre. Ranger les fruits dans un bocal hermétique avec l'aromatisation qui peut être différente. Verser le liquide bouillant. Fermer le bocal tout de suite. Attendre un mois.

Prunes au vinaigre

Préparation : 10 mn
Cuisson : 20 mn

1 kg de prunes mûres,
150 g de sucre,
50 cl de vinaigre de vin,
1 morceau de cannelle,
2 g de muscade,
2 clous de girofle.

Photo JPG

Vérifier que les fruits sont en bon état, les laver, les couper en deux pour en enlever le noyau.
Dans une casserole, faire un caramel blond avec le sucre puis y verser le vinaigre, ajouter les épices et les prunes, porter à ébullition 5 mn, retirer les prunes et les disposer dans un bocal que l'on peut fermer. Réduire le jus et en recouvrir les prunes.

Cette préparation de prunes au vinaigre peut se garder 1 mois au frais, mais peut aussi se congeler et convient surtout aux terrines de foies de volailles.

Tourte de bettes à la niçoise

Préparation : 40 mn
Temps de cuisson présumé : 30 à 40 mn
Moule : plaque du four
Dégustation : immédiate

Aussi bien entrée que dessert — même lorsqu'elle est saupoudrée de sucre glace — cette tourte est faite soit avec un feuilletage, soit avec de la pâte brisée très peu sucrée (10 % du poids habituel de sucre est utilisé). Elle se déguste à toute heure, sur les marchés ou dans les cafés, dans le midi de la France.

Ingrédients pour 8 ou 10 personnes

500 g de feuilletage,
800 g de vert de bettes pesé sans les côtes,
50 g de raisins secs,
40 g de pignons de pin,
2 œufs (100 g),
1 œuf pour dorer,
50 g de fromage de Hollande (préférable) râpé,
5 cl d'huile d'olive,
150 g de pommes reinettes pesées, épluchées, épépinées (facultatif, la tourte devient alors un dessert, et on ajoute dans ce cas de la confiture et du sucre glace),
sel et poivre.

Sur le plan de travail fariné, abaisser à 4 mm d'épaisseur la pâte pour en faire 2 carrés (ou 2 rectangles) de mêmes dimensions, disposer tout de suite un morceau de pâte sur la plaque du four légèrement humidifiée, piquer alors à la fourchette.
Laver, enlever les côtes des bettes (à réserver pour un autre usage) et peser les 800 g de vert nécessaire. Couper en lanières de 1 cm de large. Il existe différentes façons de les préparer :

– soit les utiliser directement en les laissant sécher sur un linge,
– soit les laisser sous l'eau courante (pour enlever l'amertume) jusqu'à ce que le jus qui s'en écoule soit clair,
– soit les saler afin d'enlever l'eau de végétation,
– soit les blanchir 10 mn dans l'eau bouillante, c'est le procédé à préférer. Il faut ensuite presser les bettes par petits paquets pour en exprimer le maximum d'eau.

Après avoir préparé les bettes par le procédé choisi, les mettre dans un récipient avec les œufs, le fromage râpé, les raisins, les pignons, l'huile d'olive, le sel (peu), le poivre et éventuellement les pommes coupées en tranches très fines et à l'aide d'une spatule, remuer l'ensemble.
Répartir sur la pâte en réservant impérativement sur tout le pourtour un bord de 2 cm, à dorer à l'œuf, qui ne doit pas être recouvert par la préparation.
Poser en couvercle le deuxième morceau de pâte. Souder les bords en les pressant l'un contre l'autre avec les doigts et chiqueter la tranche de la tourte, c'est-à-dire faire, avec le dos d'un petit couteau, des entailles de 3 ou 4 mm, en biais, tous les centimètres, sur le

pourtour. Ceci a un double effet : empêcher les deux morceaux de pâte de se séparer et parfaire la présentation. Selon la pâte, laisser reposer au froid.
Cuire à four chaud, th. 6/7 (200°), pour obtenir la coloration de la pâte. Poser sur une grille dès que possible.

Cette tourte se mange très souvent réchauffée. Les professionnels lient souvent la préparation intérieure avec un peu de sauce Béchamel, ce procédé qui ne fait peut-être pas exactement partie de la tradition a l'avantage de maintenir l'eau de végétation des bettes qui pourrait se trouver en excès.

Tourte aux poireaux et au fromage blanc

Préparation : 1 h
Temps de cuisson présumé : 1 h 15 à 1 h 30
Température à cœur : 75°
Consommation : de suite

Ingrédients pour 6 personnes :

400 g à 500 g de pâte brisée salée,
300 g de poireaux nettoyés,
250 g de fromage blanc à 40 % de M. G.,
4 œufs (200 g) + 1 (dorure),
Sel, poivre, muscade,
1 moule de 26 à 28 cm de diamètre, légèrement beurré.

Garnir le moule avec la moitié de la pâte à 5 mm d'épaisseur environ et ronde. Piquer la pâte avec une fourchette. Blanchir les poireaux à l'eau bouillante salée (10 g/l) pendant 10 mn, les égoutter et les couper en gros morceaux.
Mélanger au fouet le fromage blanc, les œufs, le sel, le poivre, la muscade et y incorporer les morceaux de poireaux.
Étaler la tourte et égaliser avec le dos d'une cuillère.
Recouvrir avec l'autre morceau de pâte. Éventuellement décorer avec les chutes de pâte. Prévoir au centre de la tourte un trou rond de 2 cm de diamètre pour l'évacuation de la vapeur.
Dorer l'ensemble à l'œuf battu. Cuire à four moyen th. 6 (180°), jusqu'à coloration bien dorée de l'ensemble.
Démouler et poser sur grille dès que possible ou servir de suite.
Cette tourte moelleuse servie en entrée et dégustée chaude est aussi très agréable froide.

Coulibiac

Préparation : 1 h + 2 h
Temps de cuisson présumé : 1 h à 1 h 20
Température à cœur : 75°
Consommation : de suite
Pour la pâte voir pâte (1,100 kg) à coulibiac N° 2 et reposée 2 h

Ingrédients pour 6 ou 8 personnes :

700 g de filets de saumon non fumé,
100 g de vésiga cuit et haché (si disponible),
120 g de beurre,
1 jus de citron,
2 échalotes hachées finement et sautées au beurre,
1 cuillerée à café de persil,
4 œufs durs finement émincés,
1 œuf (pour la dorure),
100 g kache (gruau de sarrasin) à cuire ou 100 g de riz à cuire,
50 g de mie de pain rassis en chapelure,
sel.

Sauter dans 30 g de beurre pendant 10 mn les filets de saumon, y verser le jus de citron. Sauter dans 60 g de beurre les échalotes.
Cuire le gruau ou le riz. Lorsque le tout est froid, mélanger le tout.
Allonger la pâte sur une serviette farinée à 7 à 8 mm d'épaisseur et de forme rectangulaire, y disposer le mélange, répartir un peu de

chapelure. Fermer comme un chausson, le dorer à l'œuf battu, cuire au four th. 6 (180°). A la sortie du four, répartir le reste de beurre fondu sur le dessus.

Tourte de pommes de terre à la saucisse de Toulouse

Préparation : 55 mn
Temps de cuisson présumé : 30 mn
Température à cœur : 70°
Consommation : immédiate

Utiliser un moule de 28 cm de diamètre ou un cercle de 26 cm de diamètre beurré.

Ingrédients pour 6 ou 8 personnes

- 200 g de saucisses de Toulouse,
- 600 g pommes de terre pesées épluchées,
- 1 bouquet de persil haché,
- 500 g de feuilletage,
- 2 dl crème fraîche liquide,
- 1 œuf pour dorer,
- sel.

Éplucher les pommes de terre, les laver, les sécher et les couper en rondelles de 4 à 5 mm d'épaisseur sans les mettre dans l'eau.
Partager la pâte en 2 parties : 300 g pour le fond de la tourte, 200 g pour le couvercle. Sur le plan de travail, abaisser la pâte en 2 galettes très minces, l'une servira à garnir le fond, l'autre servira à couvrir la tourte.
Disposer les pommes de terre en les mélangeant avec la chair des saucisses et le persil. Saler très légèrement.
Badigeonner à l'œuf battu le rebord non coupé de la tourte. Poser le couvercle et, à la main ou avec le rouleau à pâtisserie, faire adhérer le fond et le couvercle. Enlever l'excédent de pâte qui se trouve à l'extérieur du moule.

La tourte ainsi scellée, badigeonner le dessus à l'œuf. Dans les chutes de pâte et avec un emporte-pièce de votre choix, décorer le couvercle. Percer légèrement celui-ci afin que la vapeur puisse s'en échapper (un trou avec le vide-pomme convient très bien). Laisser reposer pendant 30 mn avant la cuisson.

Cuire à four moyen, th. 6 (180°), pendant 10 mn, finir la cuisson au th. 5 (150°). Dès que la tourte est cuite, introduire à l'aide d'un entonnoir, par le trou, la crème fraîche.

Il est possible et préférable de cuire au préalable les rondelles de pommes de terre pour gagner du temps, cette tourte se réchauffe mal.

Tourte aux viandes blanches

Préparation : 1 h
Macération : 6 h
Temps de cuisson présumé : 1 h à 1 h 20
Température à cœur : 75°
Réfrigération avant consommation, peut se consommer de suite.

Utiliser un moule de 28 cm de diamètre ou cercle

Ingrédients pour 6 ou 8 personnes :

500 g de feuilletage au choix,
200 g de chair à saucisse,

200 g de veau désossé coupé en petits morceaux,
200 g de lapin désossé coupé en petits morceaux,
100 g de crème,
30 g de farine,
2 œufs (100 g),
1 œuf (pour dorer),
2 dl de vin blanc,
1 dl de vinaigre blanc,
1 oignon coupé en rondelles,
2 échalotes coupées en rondelles,
poivre, muscade, thym, laurier, très peu de sel.

Mettre dans un plat tous les ingrédients de la marinade et y poser le veau et le lapin. Laisser mariner 6 heures en tournant les morceaux de temps en temps.
Égoutter la viande, conserver seulement les échalotes et les oignons. Éliminer la marinade, le thym et le laurier.
Partager la pâte en 2 parties : 300 g pour le fond de la tourte, 200 g pour le couvercle. Sur le plan de travail fariné, abaisser la pâte en 2 galettes très minces, l'une servira à garnir le fond, l'autre, plus petite servira à couvrir la tourte.
Dans un récipient, mixer la crème, les œufs, la farine, le sel, le poivre, la muscade. Ajouter les viandes marinées et la chair à saucisse. Mélanger bien le tout à l'aide d'une spatule. Verser dans la tourte. Badigeonner à l'œuf battu le rebord non coupé de la tourte. Poser le couvercle, et à la main, ou avec le rouleau à pâtisserie, faire adhérer le fond et le couvercle. Enlever l'excédent de pâte qui se trouve à l'extérieur du moule. La tourte ainsi scellée, badigeonner le dessus à l'œuf. Dans les chutes de pâte et avec un emporte-pièce de votre choix, décorer le couvercle. Percer légèrement celui-ci afin que la vapeur puisse s'en échapper (un trou fait avec le vide-pomme convient très bien). Cuire à four moyen, th. 6 (180°) pendant 10 mn. Finir la cuisson au th. 5 (150°).

Généralement réalisée en pâte feuilletée, cette tourte est une entrée du plus bel effet. Elle se déguste chaude ou froide.

Compote de lapin

On ne peut pas classer cette préparation dans les terrines ni dans les rillettes, tenant un peu de chacun d'elles. Cette compote est de haut goût ; elle demande une préparation un peu longue mais néanmoins facile.

Préparation : 30 mn
Macération : 12 h
Temps de cuisson présumé : 4 h
Réfrigération avant consommation : 24 h

Ingrédients pour 6 ou 8 personnes :

1 lapin de 1,7 à 1,8 kg,
500 g de saindoux ou davantage,
1 pied de veau coupé dans la longueur, un peu d'eau,
Une marinade préparée à chaud qui va fortement aromatiser le lapin, qu'il faudra conserver au frais pendant 12 heures.

Marinade :

10 cl de vinaigre de Xérès,
75 cl de vin rouge,
8 grains de poivre,
2 baies de genièvre,
10 feuilles de sauge séchées,
10 brins de romarin,
1 clou de girofle.

Faire bouillir l'ensemble 2 à 3 mn et laisser refroidir, dès que la préparation est froide, recouvrir la viande coupée en morceaux, et laisser mariner 12 heures. Prendre un récipient métallique épais, placer sur le gaz avec un diffuseur, y verser un verre d'eau, le saindoux et les morceaux de lapin (que l'on peut faire revenir, mais qu'il ne faut pas colorer avec excès, ce n'est pas indispensable), le pied de veau, 30 g de sel, 3 g de poivre.
Cuire doucement, en remuant de temps en temps avec une cuillère en bois pour éviter que les viandes n'attachent ; au besoin, ajouter un peu d'eau.
La cuisson qui dure environ 4 heures va rompre les fibres de la viande ; laisser un peu refroidir. Retirer les os, écraser les morceaux entiers, faites rebouillir quelques minutes ; il doit rester un peu de liquide gélatineux, en plus du saindoux.
Laisser refroidir et lorsque le saindoux blanchit, bien mélanger le tout et avant complet refroidissement, disposer en terrine.
Si on doit conserver la terrine quelques jours, ajouter un peu de saindoux chaud sur le dessus de la compote de lapin.

Rillettes d'oie

Préparation : 1 h
Temps de cuisson présumé : 5 à 6 h
Réfrigération avant consommation : 24 h

Ingrédients :

2 kg de chair maigre d'oie,
1 kg de maigre de porc (échine),
1,500 kg de saindoux,
72 g de sel (16 g au kg),
5 g de poivre,
3 g de muscade (facultatif).

Disposer le saindoux dans un récipient et couper la chair de l'oie, le maigre de porc en gros dés. Les disposer dans le récipient de cuisson avec le sel, commencer doucement la cuisson, cuire pendant 5 à 6 heures.
Dès que la viande est cuite, augmenter le feu tout en remuant sans cesse, afin de rompre les fibres, ajouter alors poivre et muscade. Verser les rillettes encore chaudes dans des pots en grès. Dès que le gras remonte et se fige, les garder au froid.

Les rillettes peuvent se congeler.

Rillettes de porc

Préparation : 20 mn
Temps de cuisson présumé : 3 h à 4 h
Réfrigération avant consommation : 24 h

C'est une préparation grasse seulement salée dans la tradition, mais souvent poivrée. D'autres parfums peuvent être utilisés comme muscade, sauge, etc. On utilise toutes les parties du porc.

Ingrédients :

- 600 g de maigre de porc,
- 400 g de saindoux,
- 12 g de sel,
- 1,5 g de poivre,
- 40 cl d'eau.

Si cela est possible et pour les rillettes de la recette, il est utilisé du jambon ou de l'échine.

Disposer dans un récipient l'eau, le saindoux, le porc coupé en morceaux de 3 x 3 cm environ, le sel. Cuire à feu doux couvert, pour une cuisson que l'on remue de temps en temps.
Avant la cuisson complète de la viande, incorporer le poivre, mélanger après avoir retiré du feu, pour que les fibres se détachent les unes des autres.
Verser dans des pots en grès, recouvrir éventuellement de saindoux fondu, pour une bonne conservation au froid.

Terrine de rillette, décorée de raisins et feuilles de vigne.

Crépinette de porc ou saucisses plates ou gayettes de Provence ou griblette bourguignonne

Préparation : 30 mn
Temps de cuisson présumé : 30 à 50 mn
Température à cœur : 78°

Ces crépinettes se servent indifféremment chaudes ou froides.

Ingrédients pour 6 personnes (12 pièces) :

- 350 g de foie de porc,
- 300 g de lard gras de porc,
- 300 g de gorge de porc,
- 1/4 de bouquet de persil,
- 20 g de sel,
- 2 g de poivre,
- 1 g de muscade,
- 400 g de crépine,
- 40 g de beurre,
- 100 g de saindoux.

Hacher à la grille moyenne le foie, le lard, la gorge, le persil. Assaisonner et mélanger le tout pendant 5 mn avec une spatule en bois.
Diviser la crépine en 12 rectangles et y placer 1/12e de la composition. Donner alors la forme d'une crépinette.
Les ranger dans un plat à rôtir beurré. Les recouvrir avec le saindoux pour 30 mn environ de cuisson à four moyen th. 6 (180°).

Terrine à la carotte

C'est une terrine froide, destinée à accompagner la charcuterie, le poisson ou les viandes froides. Il faut, dans la mesure du possible, éviter le poivre.

Préparation : 20 mn
Temps de cuisson présumé : 30 mn et 2 h
Température à cœur : 70°
Réfrigération avant démoulage
Consommation : 24 h

Pour une terrine d'environ 2 litres :
1,600 kg de carottes pesées épluchées,
400 g de crème fleurette,
6 œufs entiers et 3 blancs,
8 gousses d'ail,
20 g de sel,
4 g de gingembre en poudre.

Cuire les carottes, les mettre à l'eau froide pour 30 mn d'ébullition ou plus si les carottes sont un peu dures.
A part, pocher à l'eau pendant 10 mn les gousses d'ail épluchées.
A l'aide d'un mixeur, réduire carottes et ail, incorporer la crème, les œufs, les blancs, la crème, le sel, le gingembre.
Beurrer largement la terrine. La garnir d'une feuille d'aluminium qu'il faut aussi beurrer. Cette précaution facilite le démoulage.
Cuire au bain-marie four préchauffé th. 4 (120°) jusqu'à une température de 70° prise au thermomètre sondeur (2 h environ).

Attendre le complet refroidissement pour démouler.

Terrine de légumes

C'est une terrine froide destinée à accompagner la charcuterie et les viandes froides.
Le plus courant et le plus flatteur c'est de faire l'association de deux légumes dont le goût et la couleur s'harmonisent.
L'assaisonnement des légumes est une opération délicate, il faut éviter le poivre et trouver des compatibilités de goûts.

2 litres environ
Préparation : 1 h
Temps de cuisson présumé : 1 h 30
Température à cœur : 70°
Réfrigération avant
Consommation : après complet refroidissement

Ingrédients :

200 g de brocolis,
200 g de crème fleurette,
3 œufs entiers,
3 blancs,
10 g de sel ,
2 g de gingembre en poudre.

800 de carottes épluchées,
200 g de crème fleurette,
3 œufs entiers,
3 blancs,
4 gousses d'ail épluchées,
12 g de sel.

Cuisson des brocolis : 10 mn dans de l'eau bouillante. Égoutter et rafraîchir dans de l'eau avec de la glace, pour obtenir un beau vert.
Cuisson des carottes : 30 mn d'ébullition après la mise en eau froide.
Cuisson des gousses d'ail : 10 mn d'ébullition avec les carottes.
A l'aide d'un robot-coupe, réduire en purée les brocolis une fois refroidis et égouttés. Incorporer la crème, les œufs entiers et les blancs, le sel et le gingembre ; mélanger soigneusement.
Réduire en purée les carottes et l'ail, incorporer la crème, les œufs entiers, les blancs, le sel. La consistance des purées doit être semblable. Si une des purées est plus liquide, ajouter graduellement de la purée de pommes de terre en flocons.
Il est important que les deux purées aient la même consistance.

Garniture de la terrine :
Beurrer largement une terrine, garnir d'une feuille d'aluminium beurrée.
Cette précaution va faciliter le démoulage.
Répartir entre les couches une 1/2 cuillerée à café de gélatine ou de gelée en poudre. Cette autre précaution assure la liaison des couches.

Cuisson de la terrine :
Cuisson au bain-marie, four préchauffé th. 4 (120°), 1 h 30 environ.
Cuisson à cœur vérifiée au thermomètre 70°.

Attendre le complet refroidissement avant de servir. On peut faire cette terrine « toute carotte ».

Terrine de macédoine de légumes

Réfrigération avant
consommation : 3 heures

Ingrédients :

1,200 kg de macédoine de légumes (1 boîte 1/2),
470 g de mayonnaise
(1 pot),
8 feuilles de gélatine,
1 g de poivre,
1 moule rectangulaire :
1,2 l (genre moule à cake),
pas de sel.

Ouvrir les boîtes, égoutter et rincer.
Égoutter à nouveau et disposer dans un récipient non métallique.
Disposer la mayonnaise dans un saladier.
Tremper la gélatine dans de l'eau froide. Tiédir (micro-onde) à 30° environ la macédoine.

Terrine de macédoine décorée de légumes et persil.

Tiédir la mayonnaise à 30° environ et y introduire la gélatine égouttée. Mélanger au fouet pour la faire fondre. Incorporer dans la macédoine, mélanger avec une cuillère en bois.
Humecter d'huile le moule et y verser le mélange, disposer au froid.
Démouler après la prise de l'ensemble.

Terrine de bar et saumon

Préparation : 1 h
Temps de cuisson présumé : 1 h à 1 h 20
Température à cœur : 70°
Réfrigération avant consommation : 24 h

Cette terrine bar et saumon est originale et délicieuse.
Pour une terrine de 1,200 l environ, garnie d'aluminium beurré pour en faciliter le démoulage.

Ingrédients :

300 g de filets de bar,
200 de filets de saumon,
100 g de saumon fumé,
400 g de crème fleurette,
4 œufs entiers,
5 cl de Xérès ou de Nouilly Prat,
sel, poivre.

Mixer le filet de bar avec 200 g de crème, 2 œufs, la moitié du Xérès, sel et poivre. Réserver.
Mixer le filet de saumon, le saumon fumé, 2 œufs, la moitié du Xérès, sel et poivre. Réserver.
Répartir dans le moule en les superposant.
Cuire au four préchauffé th. 5 (150°), puis réduire le four dès l'introduction de la terrine au th. 4 (120°).

La cuisson doit être à cœur de 70° vérifiée au thermomètre. La croûte doit être légèrement dorée.

Terrine de poisson aux orties

Terrine originale et très abordable d'environ 1 litre. L'ortie a longtemps été utilisée comme légume. Tombée dans l'oubli, à de rares exceptions près, il vous faudra récolter vous-mêmes les feuilles les plus jeunes, les laver et les ébouillanter. Elles perdront leur agressivité et apporteront un goût très agréable, un peu voisin de celui des épinards et aussi de nombreuses substances minérales.

Préparation 30 mn
Macération 30 mn
Temps de cuisson présumé : 1h 30
Température à cœur 70° maximun
Réfrigération avant consommation

Ingrédients pour 6 personnes :

- 400 g de filet de merlan,
- 150 g de feuilles d'orties fraîches,
- 400 g de crème fleurette,
- 4 œufs entiers,
- 5 cl de xérès ou de Nouilly prat,
- 15 g de sel,
- 2 g de poivre,
- beurre.

Laver soigneusement les feuilles d'orties, en mettant des gants. Les plonger dans de l'eau bouillante 5 min. Les égoutter, les presser pour en éliminer l'eau. Les hacher grossièrement. Réserver.
Passer au mixeur les filets de merlan en une ou plusieurs fois. Insister 5 min de façon à obtenir une pâte très homogène. Incorporer les œufs, la crème et l'assaisonnement. Mélanger immédiatement.
Beurrer très largement une terrine et garnir avec la préparation. Si vous devez la démouler, garnir d'aluminium beurré.
Cuire au bain-marie au four préchauffé, th. 5 (150°), puis réduire dès l'introduction de la terrine dans le four au th. 4 (120°).
La cuisson doit être de 70° à cœur, vérifier au thermomètre.

La croûte doit être légèrement dorée. C'est une bonne indication de cuisson parfaite.

Cette terrine se déguste froide, souvent avec un mayonnaise allongée avec 1/3 de crème chantilly non sucrée. Une terrine rectangulaire en plastique est parfaite pour un démoulage facile.

Terrine de merlan au safran des Indes

T. poissons

Préparation : 30 mn
Temps de cuisson présumé : 1 h 15 à 1 h 30
Température à cœur : 78°
Réfrigération avant conservation : 24 h

Le merlan se prête très bien à la confection des mousses de poissons. Pour la tenue de sa chair, il est souvent mélangé à des espèces plus nobles.
Le safran des Indes, de son vrai nom Curcuma, apporte une note jaune d'or et l'aromatisation de cette belle et excellente préparation.

Éléments pour une terrine moyenne :

Ingrédients pour 6 personnes :

500 g de filets de merlan,
500 g de crème épaisse,
5 œufs entiers,
12 g de poudre de curcuma,
18 g de sel (à ne pas dépasser),
2 g de poivre.

Préparation de la farce :

Mixer les filets, (3 à 4 mn) pour avoir une texture parfaitement homogène, ensuite incorporer les œufs et les aromates, poursuivre 2 minutes encore le mixage, puis la crème, et vous assurer que le mélange n'a pas chauffé (dans ce cas, faites faire un séjour au froid à la préparation avant d'incorporer la crème). Mixer le tout 1 mn.
Beurrer le moule, de préférence en plastique et rectangulaire, ou un moule à cake, beurré et garni d'une feuille d'aluminium.
Cuire au four th. 4 (120°) pendant 1 h 15 à 1 h 30.

La température à cœur doit être de 78°, ne pas démouler avant le complet refroidissement.

Accompagnement idéal pour une rillette

Mousse de poisson à l'oseille

Pour une terrine de 1,5 l environ

Préparation : 30 mn
Temps de cuisson présumé : 1 h à 1 h 30
Température à cœur : 75°
Consommation immédiate possible

Ingrédients pour 6 ou 8 personnes :

- 500 g de filets de merlan,
- 250 g d'oseille pesée sans les nervures,
- 300 g de crème fleurette,
- 4 blancs d'œuf,
- 8 g de sel (à ne pas dépasser),
- 2 g de poivre,
- 1 poivron rouge frais ou de conserve.

Pocher l'oseille 1 mn à l'eau bouillante puis égoutter. Une fois refroidie, presser entre les mains pour éliminer le maximum d'eau, ne pas hésiter à utiliser du papier absorbant. Cette opération bien menée assurera la réussite et l'homogénéité de la terrine.
Si le poivron est frais, le faire pocher à l'eau (pendant 1/2 heure environ) jusqu'à ce qu'il soit tendre. L'égoutter et le laisser refroidir. Éliminer les graines puis le couper en bâtonnets. S'il est de conserve, le rincer, l'égoutter et le couper en bâtonnets.
Mixer les filets de merlan (3 à 5 mn) pour avoir une texture parfaitement homogène, puis incorporer les blancs d'œuf et les aromates (2 mn de mixage), puis la crème en s'assurant que le mélange n'a pas chauffé, sinon mettre au froid avant d'incorporer la crème. Mixer le tout 1 mn. Si le mixeur est trop petit, le faire en deux fois en partageant tous les ingrédients en deux.
Répartir l'oseille sans la hacher dans la farce. Il faut que l'oseille ne contienne plus d'eau. S'il reste un doute, répartir dans l'oseille 3 cuillères à café de gélatine en poudre.

Beurrer largement la terrine. Si on doit la démouler, la tapisser d'une feuille d'aluminium largement beurrée des deux côtés. Remplir avec la farce en répartissant les bâtonnets de poivrons dans le sens de la longueur et dans l'ensemble de la terrine.
Cuire au bain-marie, four préchauffé th. 5 (150°) jusqu'à légère coloration puis baisser au th. 4 (120°) pour une cuisson de 1 h 30 au moins qui, vérifiée au thermomètre sonde, doit indiquer 75°.

Une lame de couteau plongée dans la terrine doit ressortir nette en fin de cuisson. Cette terrine se mange froide avec une mayonnaise au paprika (10 %).

Terrine servie

Terrine légère à la truite

Préparation : 30 mn
Temps de cuisson présumé : 1 h à 1 h 30
Température à cœur : 70°
Réfrigération avant consommation : 24 h

Cette terrine est très facile à réaliser. Le goût de la truite est rehaussé par la présence des filets fumés.
Une fois terminée et refroidie, on peut la servir dans sa terrine où l'en extraire et la présenter sur un plat.
Au poisson de base, on ajoute la chair de brochet, de la carpe ou du merlan qui amènent par leur présence de la fermeté à la préparation.

Ingrédients :

300 g de filets de truite,
200 g de filets de merlan,
6 filets de truite fumée (en réserver 2 pour la garniture),
30 g de beurre,
400 g de crème fleurette,
3 œufs entiers ou 4 blancs,
18 g de sel,
2 g de poivre,
1 g de muscade,
3 échalotes hachées et revenues au beurre,
1 pointe de couteau de Cayenne.

Préparation :

Si on doit mixer en plusieurs fois, partager les éléments en deux portions.
Mixer d'abord le poisson en insistant pour obtenir une purée parfaite, puis incorporer les échalotes revenues au beurre, les œufs ou les blancs, ajouter l'assaisonnement et la crème. Dès que l'ensemble est homogène, arrêter le mixage.
Si on a procédé en plusieurs fois, dans un récipient à part, mélanger l'ensemble.

Garniture de la terrine :

Si cette terrine doit être démoulée, la beurrer et la garnir d'aluminium qui doit être largement beurré.

Couper les 2 filets restants en petits bâtonnets et en remplissant la terrine, les répartir dans le sens de la longueur.

Lisser le dessus de la farce avec le dos d'une cuillère trempée dans de l'eau.

Cuisson de la terrine :

Cuire au bain-marie, four préchauffé th. 5 (150°), puis réduire de suite au th. 4 (120°) dès que la terrine est dans le four.

La cuisson doit être de 70° à cœur, vérifiée au thermomètre. La croûte doit être légèrement dorée.

Photo Perrin-Chattard

Cette terrine légère se déguste dès qu'elle est froide, accompagnée d'une mayonnaise allongée à la crème chantilly (2/3 de mayonnaise pour 1/3 de chantilly). On peut la relever à l'aneth ou au fenouil frais suivant les goûts.

Terrine de Saint Jacques aux herbes

Préparation : 30 à 40 mn
Temps de cuisson présumé : 1 h
Température à cœur : 75°
Réfrigération avant consommation : 24 h

Ingrédients :

- 500 g de Saint Jacques sans corail,
- 500 g de filets de merlan,
- 3 œufs,
- 100 g de champignons,
- 20 g de beurre,
- 300 g de crème,
- 10 cl de vin blanc,
- 1 cuillerée à soupe de ciboulette hachée,
- 3 cuillerées à soupe d'aneth haché,
- 18 g de sel,
- poivre de Cayenne (1 pincée).

Ouvrir les coquilles à cru en introduisant la lame d'un couteau rigide entre les deux valves. Laver à l'eau courante.
Détacher les noix, ôter et jeter la partie noire et les bardes qui ne sont pas utilisées dans cette recette.
Étuver les champignons avec le beurre.
Mélanger au cutter (robot) les noix de Saint Jacques et le merlan, puis les herbes et les champignons (froids). Dès que la pâte est lisse, ajouter les œufs, la crème, le vin blanc, le sel et le Cayenne.
Garnir une terrine en plastique (ce qui facilite le démoulage), largement beurrée.
Cuire au bain-marie th. 5 (150°) pour obtenir 75° (vérifié au thermomètre) à cœur.

Attendre un complet refroidissement pour démouler.

Terrine « bistrot »

Ingrédients :

200 g de foies de volaille,
150 g de blancs de volaille,
200 g de viande de veau maigre,
300 g de gorge de porc,
1 dl de crème,
4 cl de cognac,
12 g de sel,
4 g de 4 épices,
2 g de poivre,
crépine (facultatif).

Préparation : 30 mn
Temps de cuisson présumé : 1 h 30
Température à cœur : 75 à 80°
Réfrigération avant consommation : 36 h

Hacher à la grille fine les foies de volaille et la viande de porc. Hacher à la grille moyenne les blancs de volaille et le viande de veau.

Mélanger à ces deux préparations : la crème, le cognac, les épices, avec une spatule en bois pendant au moins 5 mn pour obtenir une bonne liaison.

Mettre en terrine.

Recouvrir éventuellement la farce d'une crépine, ou tout simplement la lisser en surface avec le dos d'une cuillère trempée dans de l'eau.

Cuire au four th. 5 (150°). Vérifier la cuisson au thermo-sonde pour obtenir une température de 75 à 80° à cœur.

Terrine d'abats de volailles Bernard Stadi

Préparation : 20 mn
Macération : 5 mn
Temps de cuisson présumé : 1 h 30
Température à cœur : 78°
Réfrigération avant consommation : 24 h

Éléments :
600 g d'abats de volaille,
600 g de poitrine de porc désossée et découennée,
70 g d'échalotes,
2 brins de persil,
1 petit verre d'eau de vie,
1 œuf,
25 g de sel de Guérande,
3 g de poivre noir moulu,
2 g de poudre 5 épices.

Couper grossièrement la poitrine de porc et passer l'ensemble des viandes, l'échalote et le persil au hachoir (grille moyenne). Dans un grand récipient ajouter le sel, le poivre, les 5 épices, l'eau de vie et l'œuf cru entier.
Malaxer soigneusement le tout avec les mains durant 5 mn de façon à ce que l'ensemble de la préparation soit homogène.
Disposer en terrine avec si possible de la couenne dans le fond. Garnir avec une feuille de laurier le dessus.
Mettre au four chaud th. 6/7 (190°) dans un plat contenant de l'eau (2 cm environ) pour une cuisson de 1 h 30 (vérifier le niveau d'eau).
La température sondée à cœur doit être de 78°.
Attendre 24 h au froid avant la dégustation.
Cette terrine d'abats se stérilise aussi en bocaux, observer alors les consignes d'usage.

Terrine de bécasses aux truffes

Préparation : 50 mn
Temps de cuisson présumé : 50 mn
Température à cœur : 75 à 78°
Réfrigération avant consommation : 24 h

Ingrédients pour une terrine (6 à 8 personnes)

2 bécasses,
2 truffes ou l'équivalent en pelures,
5 cl de cognac ou d'armagnac,
250 g de foies de volaille le plus blond possible,
2 œufs,
1 barde de lard ou de la crépine,
sel, poivre, 4 épices.

Préparation de la farce :

Plumer, flamber et vider les bécasses, en conserver les foies, les gésiers et surtout les intestins.
Désosser les bécasses et disposer leur chair dans un récipient avec leurs foies et intestins, les foies de volaille, les truffes, saler, poivrer (peu), une pincée de 4 épices.
Hacher le tout avec la grille moyenne, sauf les truffes que l'on coupera en lamelles. Incorporer les œufs dans la farce ainsi que l'alcool de macération. Mélanger à l'aide d'une cuillère en bois pendant 3 à 4 minutes (impératif : ce geste assure une bonne liaison).

Garniture de la terrine :

Introduire la farce dans une terrine d'une taille adaptée au volume de la préparation. Recouvrir celle-ci de crépine ou d'une barde de lard.

Cuisson de la terrine :

Cuire dans le four au th. 5 (150°) et vérifier la cuisson au thermo-sonde qui doit se prendre à cœur entre 75° et 78°.

Terrine de caille à la sauge

Avec cette préparation, on se trouve confronté au problème du désossage, que votre volailler peut résoudre. Cette terrine est dès lors d'une réalisation très facile.
L'assaisonnement est volontairement relevé dans cette délicate terrine.

Préparation : 30 mn
Macération : 15 mn
Temps de cuisson présumé : 60 mn
Température à cœur : 78°
Réfrigération avant consommation : 24 h

Éléments pour une terrine d'environ 1 litre :

5 cailles désossées,
300 g de porc dans l'échine,
200 g de veau dans l'épaule (dénervé),
100 g de crème fleurette,
3 foies de volaille,
les 5 foies de cailles,
1 échalote,
150 g de bardes,
crépine pour la garniture de la terrine,
15 g de sel,
1 g de poivre,
4 feuilles de sauge séchées et pulvérisées,
2 cl de cognac.

Préparation de la farce :

Conserver 3 cailles, hacher tout le reste à la grille moyenne, incorporer l'assaisonnement et mélanger 5 mn avec une cuillère en bois, garnir l'intérieur des 3 cailles restantes avec de la farce.

Ingrédients pour la terrine de caille à la sauge

Garniture de la terrine :

Cette préparation ne devant absolument pas sécher à la cuisson, il est préférable de barder la terrine.

Introduire la farce en disposant dans son milieu les cailles farcies, finir de remplir la terrine et recouvrir d'une crépine qui aura séjourné 10 mn en eau froide.

Cuisson de la terrine :

Cuire au bain-marie dans le four préchauffé au th. 6 (180°), puis régler le th. de suite au 4 (120°).

La cuisson doit être de 78° à cœur, vérifiée au thermomètre.

Conserver 24 heures au froid avant la dégustation.

Terrine de canard aux raisins

Pour cette terrine de qualité on utilise des magrets de canard.

Préparation : 1 h
Temps de cuisson présumé : 1 h 50
Température à cœur : 78°
Réfrigération avant consommation : 24 h

Ingrédients :

- 400 g de magrets dont un demi-magret fumé,
- 400 g de gorge de porc,
- 2 œufs,
- 2 cl de Jerez,
- 100 g de raisins sans pépins (du Chili),
- 15 g de sel,
- 2 g de poivre,
- 2 g de muscade.

Hacher à la grosse grille les magrets de canard. Hacher à la grille fine la gorge de porc. Mélanger les deux viandes avec les œufs, le Jerez, le sel, le poivre, la muscade, les raisins, à l'aide d'une cuillère en bois pendant 5 minutes (ce qui assure une bonne liaison). Garnir une terrine. Lisser le dessus à l'aide du dos d'une cuillère trempée dans de l'eau froide. Cuire au four préchauffé th. 6 (180°). Vérifier au thermo-sonde la température à cœur qui doit être de 78°.

Terrine de canard décorée de raisins du Chili et feuilles de vigne.

Terrine de canette

Préparation : 1 h
Marinade : la veille
Temps de cuisson présumé : 1 h 50
Température à cœur : 78°

Ingrédients :

- 1 canette et son foie,
- 1 magret de canard,
- 250 g d'échine de porc,
- 3 échalotes,
- 3 œufs,
- 1 morceau de crépine de porc (à placer dans de l'eau froide),
- 18 g de sel par kg,
- 2 g de poivre par kg.

Préparer en marinade la veille : prélever les filets sur la canette, retirer la peau du magret et découper le tout en fines aiguillettes. Disposer dans un récipient avec :

1 feuille de laurier et thym,
1 clou de girofle,
3 baies de genièvre écrasées,
1 g de 4 épices,
1 dl de vin blanc sec,
5 cl d'huile,
3 cl de vinaigre de cidre,
du poivre du moulin.

Désosser la canette, éliminer la peau.
Passer au hachoir à la grille moyenne la chair récupérée sur la canette avec la viande de porc et le foie.
Émincer les échalotes après les avoir épluchées, les faire sauter au beurre, sans les colorer.

Mélanger la farce obtenue avec les œufs, les échalotes, le sel et le poivre, à l'aide d'une cuillère en bois pendant 5 mn pour obtenir une bonne liaison.

Égoutter les aiguillettes.
Tapisser le fond de la terrine avec la crépine, en gardant le plus grand morceau (un des côtés) de façon à pouvoir en recouvrir la farce. Disposer ensuite alternativement farce, aiguillettes, farce, ainsi de suite, pour terminer avec le reste de la farce. Rabattre la crépine en la rentrant sur les bords de la terrine.
Cuire au four th. 6 (180°) puis au th. 5 (150°) pendant environ 1 h 50. Vérifier au thermo-sonde la température de cuisson à cœur qui doit être de 78°.

Terrine décorée de raisins frais, feuilles de vigne et vigne vierge.

Terrine de dindonneau au pain d'épices

10/12 personnes

Jadis, seulement consommée au moment des fêtes. De nos jours on trouve très facilement toute l'année, de beaux filets de dindonneau qui supportent très bien des assaisonnements inhabituels.
La seule précaution à prendre est de choisir un pain d'épices de qualité où le sucre ne remplace pas le miel.
Cette terrine par son goût se rapproche de la cuisine romaine décrite par le renommé gastronome Apicius.

Préparation : 25 mn
Temps de cuisson présumé : 1 h 30
Température à cœur : 75° à 78°
Réfrigération avant consommation : 24 h

T. viandes

Ingrédients pour une terrine d'environ 1 litre :

400 g de filets de dindonneau dénervés,
600 g de gorge de porc, préférer un morceau avec peu de maigre
1 morceau de crépine,
40 g de pain d'épices,
2 œufs entiers,
50 g de crème fleurette,
18 g de sel,
1 g de muscade,
1 g de poivre,
1 g de salpêtre (facultatif : le mélange sucre-salpêtre assure seulement la couleur rose de la terrine ; exceptionnellement, on n'ajoute pas de sucre, le pain d'épices contenant du miel).

Préparation de la farce :

Prendre 350 g de filet de dindonneau (sans nerf), 500 g de gorge de porc (sans couenne) et les passer au hachoir à la grille fine.

Dans un deuxième temps, prendre les 50 g de filet et les 150 g de gorge restant, et les mixer en une fine purée ou bien passer l'ensemble au hachoir 2 fois à la grille fine.
Mélanger au mixeur très finement en purée pain d'épices, œufs et crème.

Assembler tous les éléments hachés ou mixés dans un récipient, ajouter le poivre, le sel, mélanger 5 mn à l'aide d'une cuillère en bois pour assurer une bonne liaison.

Garniture de la terrine :

Garnir de farce la terrine, tremper la crépine 10 mn dans l'eau froide et en recouvrir la préparation.
Rabattre l'excédent de crépine entre le bord de la terrine et la farce, de façon à ce que cette dernière soit bien recouverte.

Cuisson de la terrine :

Cuire au bain-marie, four préchauffé th. 4/5 (140°).
Vérifier au thermo-sonde la cuisson qui doit être à cœur de 75 à 78°.

Terrine de dindonneau à la sauge

Viande un peu fade, le dindonneau s'accommode parfaitement avec la sauge. Malgré la beauté de cette plante, éviter de l'employer fraîche : son odeur camphrée est peu agréable et ne s'atténue que lorsqu'elle est sèche.

Préparation : 30 mn
Temps de cuisson présumé : 1 h 30
Température à cœur : 78°
Réfrigération avant consommation : 24 h

Ingrédients pour une terrine d'1 litre environ :

400 g de filets de dindonneau dénervés,
600 g de porc (préférer un morceau un peu gras et sans couenne),
1 morceau de crépine,
2 œufs entiers,
20 g de sel,
2 g de poivre,
15 feuilles de sauge pulvérisées,
1 g de salpêtre,
2 g de sucre,
(le mélange facultatif salpêtre et sucre assure seulement la couleur rosée).

Préparation de la farce :

Hacher à la grille moyenne, 300 des 400 g de filets de dindonneau et de porc. Mélanger tous les ingrédients pendant 5 mn avec une cuillère en bois. Couper les 100 g de dindonneau restant en bâtonnets semblables à des petites frites.

Garniture de la terrine :

Introduire la farce en répartissant les bâtonnets de dindonneau en long. Tremper la crépine à l'eau froide pendant 10 mn, en recouvrir la terrine et rabattre l'excès de crépine entre les bords de la terrine et la farce, de façon à ce que cette dernière soit bien fermée.

Cuisson de la terrine :

Cuire au bain-marie, four préchauffé th. 4/5 (120/140°) avec un couvercle sur la terrine ou une feuille d'aluminium. Cette composition à base de viande blanche ne demande pas de coloration et le parfum de la sauge se répartit mieux dans la terrine. Vérifier la cuisson au thermomètre sonde qui doit atteindre 78° à cœur.

Conserver au frais et attendre 24 heures pour déguster.

Terrine décorée de feuilles de sauge fraîches.

Terrine de faisan aux champignons

Préparation : 60 mn
Temps de cuisson présumé : 3h à 4h
Température à cœur : 75° à 80°
Réfrigération avant consommation : 24 h

Ingrédients pour 10 personnes :

1 terrine d'un litre environ,
1 faisan,
250 g de foie de volaille,
250 g de champignons des bois ou de Paris,
200 g de gorge de porc,
1 morceau de crépine,
2 œufs,
20 g d'échalotes hachées,
3 cl de cognac ou d'armagnac,
1 cuillère à café rase de "4 épices" ou plus,
50 g de beurre,
poivre du moulin et un peu de sel.
Pour le fond :
la carcasse du faisan hachée en morceaux,
1 l d'eau,
1 tablette de bouillon de poulet,
1 carotte émincée,
1 petit poireau émincé,
Poivre et laurier.

Laver et émincer les champignons, les sauter au beurre et ajouter les échalotes au dernier moment, sans les colorer. Réserver.
Préparer le fond dans une casserole. Dans un litre d'eau avec une tablette de bouillon de poulet , ajouter la carcasse avec la carotte, le poireau, le poivre et le laurier. Faire réduire à feu doux pour obtenir 1/4 de litre de fond au maximun (filtré).

Décor de fête avec ailes et plumes de faisan.

Hacher à la grille moyenne la viande du faisan, la gorge du porc, les foies de volaille. Mélanger longuement avec les œufs, le cognac et les épices. Le fond —refroidi— ajouter le poivre, puis les champignons avec les échalotes. Mettre en terrine et couvrir avec la crépine, rabattre sur les bords — elle protège pendant la cuisson. Cuire au bain-marie à four doux th 4 (120°) entre 3 et 4 heures pour obtenir 75° à 80° à cœur. A déguster après 24 h.

Terrine de foies de volaille à l'ancienne

C'est une préparation traditionnelle de qualité supérieure.

6 personnes
Préparation : 30 mn
Macération : 3 à 4 h
Temps de cuisson présumé : 1 h 30
Température à cœur : 85°
Réfrigération avant consommation : 24 h

Ingrédients pour 6 personnes :

- 300 g de foies de volaille,
- 300 g de gorge de porc,
- 100 g de graisse d'oie,
- 2 œufs entiers,
- 25 g de farine,
- 18 g de sel nitrité,
- 5 g de sucre,
- 3 g de poivre blanc,
- 0,5 g de muscade,
- 50 g échalotes finement hachées,
- 10 g ail pilé,
- 3 cl d'armagnac,
- 2 tranches de pain trempées dans du lait ou de la crème.

Dans une sauteuse, faire chauffer la graisse d'oie, y rissoler la gorge de porc coupée en morceaux, juste assez pour la colorer légèrement. Faire de même pour les foies sans pousser la cuisson à cœur.
Puis faire sauter les échalotes et déglacer à l'armagnac. Récupérer le déglaçage. Hacher les foies et la gorge de porc à la grille fine.
Mélanger ensuite tous les ingrédients pour les malaxer pendant 4 à 5 mn, afin d'obtenir une bonne liaison.
Remplir une terrine. Cuire au th. 6 (180°) pour obtenir une température à cœur de 85°.
Placer au frais et attendre 24 heures pour déguster.

Courrensan (Gers)

Terrine de foie frais de canard ou d'oie

Préparation : 2h
Macération : 12 h
Temps de cuisson présumé : 40 à 50 mn
Température à cœur : 56°/57°
Réfrigération avant consommation : 24 h

Ingrédients pour 8 personnes :

400 g à 500g (maxi) chaque foie,
3 cl de calvados hors d'âge,
16 à 18g de sel fin par kg de foie,
2 à 3g de poivre blanc par kg de foie
1 pointe de muscade

Dans un plat, coucher les lobes ouverts vers l'extérieur, et les assaisonner avec : sel, poivre, muscade, calvados. Les laisser mariner 12 heures au froid, en prenant soin de recouvrir le plat d'un film plastique. Retourner 1 ou 2 fois les lobes dans la marinade.
Pour la cuisson : après le temps de pause, sortir le plat du réfrigérateur 2 heures à température ambiante.
Dans une terrine rectangulaire, disposer les lobes en leur redonnant leur forme normale, en les tassant bien, le premier gros lobe, dans le fonds de la terrine, puis les plus petits et enfin le plus gros.
Cuire au bain-marie dans 2 à 3 cm d'eau seulement, four et bain-marie préalablement chauds, à four doux 140°/150°, (th 4/5) et y déposer la terrine sans la couvrir et la laisser au four pendant 40 mn.
La température du bain-marie ne doit en aucun cas dépasser 70°, ni plus ni moins, un thermomètre est indispensable pour cette délicate cuisson.
En fin de cuisson présumée, vérifier la température à l'intérieur de la terrine, elle doit être à 56/57° maximun.
Sortir la terrine du bain-marie, la recouvrir de son couvercle, laisser refroidir naturellement 2 heures.

Pour la bonne réussite des terrine de foie, il est indispensable de faire la chose suivante : sur une planchette de bois, tailler le gabarit du dessus de la terrine, la recouvrir du papier d'aluminium, ou d'un film plastique, la disposer après le refroidissement naturel sur le dessus de la terrine (sans le couvercle) en y mettant un poids d'environ 500g. Cette opération assure une bonne contexture de l'ensemble.

Conserver la terrine au réfrigérateur 24 heures avant la dégustation. Cette terrine peut se conserver de 6 à 8 jours.

Présentation : servir 1 ou 2 tranches par personne avec pommes rissolées, pain grillé chaud.

1999
SAUTERNES

Terrine de mousse de foies de volaille à l'orgeat

La saveur de l'amande confère à cette terrine originalité et goût subtil. La partie sucrée du sirop d'orgeat vient atténuer l'amertume des foies.

10 à 12 personnes
Préparation : 20 mn
Macération : 12 h
Temps de cuisson présumé : 1 h 30
Température à cœur : 70°
Réfrigération avant consommation : 24 h

Ingrédients pour une terrine d'1 litre environ :

- 400 g de foies de volaille,
- 400 g de gorge ou de poitrine de porc,
- 60 g de graisse d'oie (si on n'en dispose pas, on double le poids de la crème fleurette),
- 80 g de crème fleurette (ou 160 g),
- 40 g d'amandes en poudre légèrement grillées,
- 3 jaunes d'œuf ou 1 œuf entier,
- 15 g de sel,
- 30 g de sirop d'orgeat,
- 1,5 g de salpêtre (facultatif : le sucre mélangé au salpêtre est remplacé par le sirop d'orgeat),
- 2 g de poivre en poudre.

Préparation de la farce :

Pour obtenir une terrine à la couleur rosée, faire mariner pendant 12 h les foies de volailles, sel, sirop d'orgeat et salpêtre.
Dans un deuxième temps, réduire en purée la gorge ou la poitrine de porc, et ajouter tout le reste des éléments : si on dispose d'un mixeur ou robot-coupe, réduire les foies et mélanger aux jaunes d'œuf ; si on dispose d'un hachoir, choisir la grille la plus fine et procéder de la même façon. La préparation doit être assez fine, sinon repasser l'ensemble dans le hachoir.

Mélanger l'ensemble avec une spatule en bois pendant au moins 5 mn pour une bonne liaison.
Remplir la terrine. Il n'est pas indispensable de recouvrir la farce d'une crépine. On peut tout simplement en lisser la surface avec le dos d'une cuillère trempée dans de l'eau.
Mettre au bain-marie dans le four froid. Allumer le four th. 6 (180°), et dès que cette température est atteinte, continuer la cuisson au th. 4 (120°).
Après une heure, vérifier au thermo-sonde la cuisson qui doit être prolongée jusqu'à l'obtention de 70° à cœur.

Cette terrine de mousse de foies peut se déguster dès le lendemain

Décor de framboises passées au pinceau avec de la gelée.

Terrine de bœuf à la mode en gelée

Le bœuf n'est pas souvent utilisé pour les terrines, on lui préfère le porc ou le porc avec le veau. Voici cependant une excellente préparation devant être réalisée un jour ou deux avant sa dégustation ; on peut servir cette terrine de bœuf comme plat principal froid un jour d'été.

10 à 12 personnes
Préparation : 30 mn
Temps de cuisson présumé : 5 à 6 h
Réfrigération avant consommation : 24 h

Ingrédients pour une terrine d'environ 2 litres :

500 g de bœuf dans la tranche,
500 g de poitrine de porc fraîche ou demi-sel,
300 g de jarret de veau,
100 g de couenne (si le jarret de porc est sans couenne),
2 oignons piqués de clous de girofle,
3 gousses d'ail,
3 carottes coupées en rondelles,
25 g de sel (seulement si la poitrine et le jarret ne sont pas demi-sel, sinon 10 g suffiront),
persil,
3 g de poivre,
2 g de sarriette,
crépine (facultative).

Préparation des divers éléments :

Couper le bœuf, la poitrine, les jarrets (après les avoir grossièrement désossés et éventuellement débarrassés de leur couenne) en tranches comme de petits steaks. Couper les couennes le plus fin possible.

Cuisson :

Prendre une cocotte en fonte et y introduire tous les éléments : viande, couennes, os des jarrets, oignons, persil, gousses d'ail, carottes, sel, poivre, sarriette.

Couvrir l'ensemble d'un bouillon de légumes ou tout simplement d'eau.
Cuire dans le four th. 6 (180°) pendant 5 à 6 heures, la cocotte couverte. Vérifier le niveau d'eau toutes les heures, ajouter de l'eau si nécessaire.
Pour avoir une bonne appréciation de la cuisson, il faut que la viande se sépare bien des os. Retirer alors du four, laisser refroidir. Égoutter les éléments.

Garniture de la terrine :

Enlever les morceaux de viande restant sur les os, disposer viande et légumes dans la terrine en les répartissant.
Réduire le jus de cuisson à la valeur de 3 dl. Les éléments étant disposés dans la terrine, goûter le jus, rectifier au besoin l'assaisonnement, et verser dans la terrine.
Laisser refroidir jusqu'au lendemain. On peut servir cette terrine de bœuf tel quel ou démoulée.

Cette terrine a été cuite avec une crépine.

Terrine de fromage de tête aux pistaches

C'est une curieuse appellation de fromage pour des préparations ayant pour base principale de la tête de porc. Cette appellation qui existait autrefois pour une terrine à base de couenne de lard et de pieds de porc ne semble plus être utilisée. Par contre, le fromage d'Italie, hachis de foie et de viande, de porc ou de veau ou d'un mélange des deux, subsiste toujours. C'est une terrine facile à réaliser ne nécessitant que le matériel que l'on trouve habituellement dans une cuisine, et d'un prix de revient particulièrement avantageux.

Pour une terrine de 2 l environ : Il faut une 1/2 tête de porc avec sa langue. Si la 1/2 tête de porc a été salée par le charcutier, ce qui est préférable (la terrine aura alors cette couleur rosée si appétissante), celui-ci vous indiquera le temps précis de dessalage. Lors de sa cuisson ne pas utiliser de sel.

Éléments pour la cuisson de la tête :

100 g de carottes épluchées et coupées en rondelles,
2 oignons émincés,
1/2 litre de vin blanc sec,
10 g de sel de préférence nitrité : il assure une couleur appétissante, (si la tête n'est pas déjà salée),
4 g de poivre en grains,
2 g de thym,
2 g de romarin,
3 feuilles de laurier,
2 g de muscade râpée.

Préparation : 1 h
Temps de cuisson présumé : 2 h 30 et 3 h
Température à cœur : 76 à 78°
Réfrigération avant consommation : 24 h

Préparation de la tête :
Après cuisson et refroidissement, couper la tête en morceaux de 2 à 3 cm de côté, éliminer les os, les gros cartilages.
On peut, une fois la partie râpeuse de la langue ôtée, soit l'introduire au milieu de la terrine, soit la couper en morceaux.

Assaisonnement par kg de viande :

15 g de sel nitrité,
3 g de poivre en poudre,
2 g de muscade,
30 g de pistaches.

Dressage de la terrine :
Répartir dans la terrine les morceaux de viande, les pistaches et l'assaisonnement.
Ramollir 4 feuilles de gélatine dans 150 g d'eau et 150 g de vin blanc, tiédir l'ensemble et le verser dans la terrine, bien mélanger.

Cuisson :
Elle a pour but de parfaire la limpidité de la terrine et de répartir tous les parfums. 45 mn au four préchauffé au th. 6/7 (180-210°) seront suffisant, le bain-marie est inutile.
Refroidir avec une planchette et un poids sur la terrine.

Terrine du chasseur ou forestière

Préparation : 30 mn
Temps de cuisson présumé : 1 h 30
Température à cœur : 75 à 80°
Réfrigération avant consommation : 36 h

Ingrédients pour 8 ou 10 personnes :

- 50 g de magret de canard fumé,
- 150 g de jambon cuit,
- 150 g de blancs de volaille,
- 600 g de gorge de porc (ou mieux de sanglier),
- 100 g de champignons des bois, cèpes, trompettes,
- 250 g de foies de volaille ou de gibier,
- 2 œufs,
- 5 cl de Xérès ou de Porto blanc,
- 12 g de sel,
- 4 g de 4 épices,
- 2 g de poivre.

Terrine de chasseur avant la cuisson

Porte-terrine en métal argenté

Hacher la totalité de la préparation à la grille moyenne, après avoir découpé les viandes et foies en morceaux.

Ensuite, l'important est de très bien mélanger l'ensemble, soit à l'aide d'un mélangeur ou à la main avec une spatule en bois pendant 5 mn au moins ; ce mélange prolongé donne une bonne liaison à la préparation.

Disposer en terrine.

Cuire au four th. 5 (150°). Vérifier la cuisson au thermo-sonde pour obtenir une température de 75 à 80° à cœur.

Terrine de courrée de campagne

Très abordable en prix et facile à réaliser. Appelée et orthographiée de différentes façons : corée, courrée, courraie, fréssure, fréchure. Cette préparation comprend le foie, le cœur, les poumons prélevés dans la venaison (chasse) et aussi la gorge de l'animal lorsqu'il s'agit d'un porc tué à la ferme. De nos jours on n'utilise pratiquement plus les poumons, bien qu'ils servent à réaliser d'excellentes terrines. On peut réaliser ainsi plusieurs terrines avec toujours la possibilité de congeler les terrines excédentaires. Préférer dans ce cas la congélation à cru.

Préparation : 30 mn
Temps de cuisson présumé : 2 h
Température à cœur : 78°
Réfrigération avant consommation : 48 h

Ingrédients pour 8 ou 12 personnes

- 300 g de foie et de cœur,
- 100 g de gorge de porc,
- 50 g de champignons séchés,
- 2 œufs,
- 18 à 20 g de sel,

1 g de salpêtre (en pharmacie)*,
6 g de sucre*,
1,5 à 2 g de poivre,
1,5 g de 4 épices,
1 gousse d'ail,
1 oignon moyen,
2 cl de cognac,
3 g de sarriette (s'il s'agit de gibier),
150 g de barde (éventuellement pour la présentation).

* Salpêtre et sucre sont facultatifs. Ils assurent seulement une couleur plus agréable à la terrine.

Hacher le tout, après avoir découpé les viandes en morceaux, avec la grille moyenne puis ajouter les aromates. Passer 2 fois au hachoir ail et oignon.

Mélanger soigneusement avec une cuillère en bois pendant au moins 5 mn (très important) car cela va assurer une bonne liaison de la terrine.

Remplir la ou les terrines et recouvrir avec quelques bandes de lard de 1 cm de large. Les disposer de façon à dessiner des losanges que l'on peut décorer de feuilles de laurier.

Mettre au four préchauffé au th. 7 (210°) pendant 10 mn, puis le baisser au th. 3/4 (110°). La cuisson dure environ 2 heures. Mais faire plutôt confiance au thermo-sonde, la cuisson à cœur (milieu de la terrine) doit être de 78°.

Déguster après un repos de 48 heures au frais.

Terrine de foie

Cette recette d'origine Belge donne une préparation onctueuse, mais oblige à être exécutée à l'aide d'un cutter. Procéder en plusieurs fois si celui-ci se trouve être de petite taille.

T. viandes

Préparation : 40 mn
Temps de cuisson présumé : 1 h 30
Température à cœur : 70°
Réfrigération avant consommation : 24 h

Ingrédients pour 10 ou 12 personnes :

250 g de foie de porc,
400 g de gorge de porc,
250 g de lait,

30 g d'oignons,
30 g de crème fraîche épaisse,
4 anchois dessalés,
5 g de 4 épices,
15 g de sel,
5 g de poivre,
1 morceau de crépine.

Pour obtenir une couleur rosée à la préparation, remplacer le sel ordinaire par du sel nitrité, mais ce n'est pas indispensable.
Raidir la gorge à l'eau bouillante pendant 10 mn.
Mixer le foie avec les aromates : crème, oignons et lait, puis introduire la gorge pré-coupée et refroidie.
Une fois obtenue une texture très fine, mouler et cuire de suite. Disposer auparavant la crépine ou lisser la surface de la terrine avec le dos d'une cuillère trempée dans de l'eau.
Préchauffer le four au th. 6 (180°), enfourner et continuer la cuisson au th. 4 (120°) pour une obtenir une cuisson à cœur de 70°.

C'est un "gîte à lièvre" mais on peut l'utiliser pour une terrine au lapin.

Terrine de lapin au poivre vert

Préparation : 30 mn
Temps de cuisson présumé : 1 h 30 à 2 h
Température à cœur : 78°
Réfrigération avant consommation : 24 h

Ingrédients pour 12 personnes :

1 lapin d'environ 1,800 kg (ce qui donne 850 g de viande),
850 g moitié échine, moitié gorge de porc,
200 g de crème,
2 œufs,
1/2 dl de vin blanc sec,
18 g de sel par kg,
poivre vert,
crépine (facultatif).

Couper en petits morceaux la chair de lapin et la viande de porc. Les passer au hachoir à la grille moyenne.
Mélanger l'ensemble avec la crème, les œufs, le vin, le poivre vert, le sel, à l'aide d'une cuillère en bois pendant 5 mn ; ceci est impératif et va assurer une bonne liaison de la farce.
Disposer dans une terrine. Recouvrir éventuellement d'une crépine ou bien lisser le dessus de la terrine avec le dos d'une cuillère trempée dans de l'eau.
Cuire au four th. 5 (150°) pendant 1 h 30 à 2 h pour une cuisson à cœur à la température de 78°.

Terrine ménagère

C'est une préparation simple, économique qui permet un réemploi des restes de volailles, de rôtis, mais il faudra quand même un apport de viande (environ la moitié du poids total de la terrine) non cuite pour assurer la liaison de l'ensemble. Un peu de foie de volaille ou de lapin en relèvera le goût.

Préparation : 25 mn
Macération : 12 h
Temps de cuisson présumé : 2 h 30
Température à cœur : 75°
Réfrigération avant consommation : 24 h

Ingrédients pour une terrine d'1 litre environ :

500 g de restes de viande cuite (porc, volaille, gibier) coupés en petits cubes (1 cm x 1 cm). Il faut impérativement les couper au couteau et non pas les hacher.
400 g de gorge de porc,
100 g de foies de volaille ou de lapin,
3 œufs entiers,
100 g de mie de pain râpée,
50 g de lait,
20 g de sel,
2 g de poivre,
2 g de muscade,
2 cl de cognac,
30 g de beurre,
150 g de bardes de lard.

Préparation de la marinade :

Faire mariner pendant 12 heures les 500 g de viande coupée en petits cubes avec le lait, le cognac, la moitié du sel, du poivre et de la muscade. Cette opération a pour but de réhydrater les viandes cuites.

Préparation de la farce :

Égoutter la viande marinée (conserver la marinade), la faire sauter au beurre sans la dorer.

Hacher la gorge de porc en utilisant la grille moyenne du hachoir.

Mélanger tous les ingrédients, y compris la marinade, pendant 5 mn avec une cuillère en bois.

Garniture de la terrine :

Une fois remplie, la recouvrir avec des bardes de lard de la longueur de la terrine.

Cuisson de la terrine :

Mettre au four au bain-marie, four préchauffé th. 7 (210°) pendant 10 mn, puis le th. à 3 (90°) pendant 2 h 30 environ. Vérifier au thermo-sonde, la cuisson à cœur doit être de 75°.

Placer au frais et déguster dès le lendemain.

Terrine Ox Tail

Si le potage est connu, cette terrine, moins connue, en est une délicieuse variante.

6 à 8 personnes
Préparation : 30 mn
Macération : 24 h
Temps de cuisson présumé : 2 h + 2 h + 1 h
Température à cœur : 78°
Réfrigération avant consommation : 24 h

Ingrédients :

1 queue de bœuf,
1 queue de veau,
2 pieds de porc,
250 g de maigre de veau,
250 g de poitrine de porc,
125 g de foies de volaille,
2 échalotes hachées,

2 gousses d'ail hachées,
50 g de persil haché,
25 g de cerfeuil haché,
1/2 dl de Xérès,
50 g de gélatine en poudre (non salée ou en tenir compte)
sel (20 g/kg), poivre (2 g/kg), 4 épices (1 g/kg),

Pour la marinade :

1/2 bouteille de bordeaux rouge,
2 oignons hachés,
1 carotte hachée,
1 poireau haché,
2 clous de girofle,
6 grains de poivre,
thym, laurier.

Mettre dans cette marinade pendant 24 heures : bœuf, veau, porc, maigre de veau, poitrine de porc, foie.
Égoutter le tout avant de mettre à cuire : la queue de bœuf coupée en tronçons dans de l'eau pour 2 heures, puis ajouter les pieds de porc et la queue de veau pour 2 heures de cuisson supplémentaires.
Faire sauter à la poêle avec un peu de beurre, foies de volailles, échalotes, ail. Réserver.
Enlever les parties comestibles des pieds de porc, ajouter le maigre de veau, la poitrine de porc, le tout coupé en morceaux.
Mixer le tout au robot-coupe.

Décortiquer les queues de bœuf et de veau, sans les hacher. Mélanger avec la partie mixée. Ajouter un peu de la marinade réduite, le Xérès, la gélatine. Peser et assaisonner ensuite.
Mélanger avec une cuillère en bois pendant 5 mn (très important).
Mettre dans une ou plusieurs terrines. Cuisson au bain-marie four au th. 5. Vérification au thermomètre la cuisson à cœur 78°.
Recouvrir d'une crépine avant cuisson ou lisser le dessus avec le dos d'une cuillère mouillée.

Décorer cette terrine Ox Tail avec des tomates cerises.

Terrine, recette de la ferme

Préparation : 30 mn + 45 mn
Temps de cuisson présumé : 2 h à 2 h 30
Température à cœur : 78°
Réfrigération avant consommation : 48 h

Ingrédients pour une terrine moyenne (8 à 12 personnes) :

1 kg de gorge de porc,
300 g de foie de porc, que l'on peut aussi mélanger avec du foie de volaille ou de lapin ; il est possible d'ajouter un morceau de jambon fumé (réduire alors le sel),
200 g d'oignons,
1/4 de botte de persil,
100 g de couenne,
4 œufs,
4 cl de calvados ou d'armagnac,
25 g de sel,
2 à 3 g de poivre,
2 à 3 g de 4 épices ou de muscade.

Faire cuire la couenne pendant 45 mn avec thym et laurier. Une fois cuite, l'égoutter.
Passer tous les ingrédients au hachoir, grille moyenne.
Mélanger avec une cuillère en bois, œufs, sel poivre, épices et alcool pendant au moins 5 mn (important), ce qui assure une bonne liaison.
Cuire au bain-marie au four préchauffé au th. 5 (140°).
Garnir une terrine beurrée et tapissée d'une feuille d'aluminium beurrée.
Dès que la terrine se colore un peu, baisser le four au th. 4 (120°) pour une cuisson qui, vérifiée au thermo-sonde, doit indiquer 78°.

Cette terrine se déguste après un repos au froid de 48 heures.

1980
Côtes du

Terrine de sanglier

Préparation : 50 mn
Macération : 24 h
Temps de cuisson présumé : 60 mn
Température à cœur : 78°
Réfrigération avant consommation : 36 h

Ingrédients pour 12 personnes :

1 kg de sanglier,
1,400 g de gorge de porc,
100 g d'échalotes hachées,
3 œufs,
40 g de sel,
6 g de poivre,
100 g de crème épaisse,
5 cl de cognac et 25 cl de Rioja (vin rouge d'Espagne),
10 g de 4 épices,
1 morceau de crépine, maintenue 10 mn dans l'eau froide,
3 feuilles de laurier (facultatif).

Terrine de sanglier, décorée de chataignes dans un porte-terrine en argent

Éplucher et hacher les échalotes.
Couper le sanglier en morceaux afin qu'ils puissent passer dans le hachoir. Faire de même avec la gorge de porc.
Mettre le tout dans une bassine avec les 4 épices, sel, poivre, cognac et vin rouge.
Pour une macération au froid de 24 h, remuer deux ou trois fois.
Passer au hachoir, grille moyenne, incorporer le liquide de macération, les œufs, la crème.
Mélanger 5 mn à l'aide d'une spatule en bois, ce qui va permettre une bonne liaison de l'ensemble lors de la cuisson. Lisser avec le dos d'une cuillerée la préparation, y disposer 3 feuilles de laurier, recouvrir avec la crépine.
Cuire au th. 6 (180°) de 60 à 80 mn. Température à cœur 78°, vérifiée au thermomètre.

Terrine de hure de sanglier

On peut pour cette terrine, utiliser seule la partie mangeable d'un vieux sanglier (dit solitaire). Il convient d'ajouter un peu de porc ou de chair de volaille, ou tout simplement de la gorge de porc.
Cette viande un peu ferme justifie une cuisson à cœur de 80°. Il est souhaitable de faire macérer la viande pendant au moins 24 heures, dans la préparation suivante par kilo de viande :
1/2 litre de vin rouge avec du thym, sauge et genièvre.

Par kg de tête débarrassée de couenne et de poils et coupée en cubes de 2,5x2,5cm,
300 g e porc dans la gorge haché,
100 g d'oignons hachés,
18 g de sel par kg de mélange,
4 g de poivre par kg de mélange,
6 g de poivre par kg de mélange,
6 g de 4 épices par kg de mélange,
2 feuilles de gélatine dans 50 g d'eau tiède,
50 g de la marinade filtrée.

Préparation : 1h
Temps de cuisson présumé : 2 h 30 à 3 h
Température à cœur : 80°

Répartir le tout dans une terrine. Cuire au four, préchauffé th 7 (210°), puis baisser au th 6 (180°). Pour une cuisson d'au moins 2,30h.

Réfrigération avant consommation : 24 h

Pâté de campagne

Il est pourtant cuit dans une terrine, mais il a conservé son titre de pâté. Il peut être excellent malgré sa simplicité.
Cette recette donne un pâté moins gras que la plupart des préparations de ce genre.

Préparation : 60 mn
Macération : 60 mn
Temps de cuisson présumé : 2 h à 2 h 30
Température à cœur : 75-78°
Réfrigération avant consommation : 24 h

Éléments pour une terrine d'1 litre environ :

350 g de viande porc dans l'échine,
350 g de gorge de porc,
250 g de foie (porc ou volaille),
1 œuf,
20 g de sel nitrité (assure la couleur rosée),
2 à 3 g de poivre,
1 g de 4 épices,
1 gousse d'ail,
1 oignon moyen,
1 à 2 cl de cognac ou d'armagnac,
1 crépine ou des bardes de lard.

Préparation de la farce :

Passer le tout au hachoir (grille moyenne), ajouter les aromates, mélanger soigneusement avec une cuillère en bois pendant au moins 5 mn.

Garniture de la terrine :

Barder l'intérieur de la terrine, mais ce n'est pas indispensable et cette pratique tend à disparaître.
Une fois la terrine remplie, la recouvrir avec la crépine et en glisser l'excédent entre la farce et le moule.

Cuisson de la terrine :

Mettre au four préchauffé th. 7 (210°) pendant 10 mn, puis baisser jusqu'au th. 6 (180°), la cuisson dure environ de 2 h à 2 h 30.
Mais il faut vérifier au thermomètre, la cuisson à cœur doit être de 78°.
Déguster après un repos de 24 h.

Hachoir ancien

Casse de Rennes

Un peu dans le genre du Lard nantais, d'abord cuit au court-bouillon dans un grand récipient avec thym, laurier, oignons, ail écrasé. Cette préparation faite en 2 temps à pris le nom de son élégant récipient de fin de cuisson, sorte de terrine rectangulaire et assez basse appelée « casse » et venant de la région du Fuillet.

Préparation : 30 mn
Macération : 1 h
Temps de cuisson présumé : 1 h à 2 h au four
Réfrigération avant consommation : au choix

Ingrédients pour 6 ou 8 personnes :

- 1 tête de cochon,
- 1,5 kg de fraise de veau,
- 3 pieds de veau,
- 400 g de rate,
- 200 g de couenne,
- 3 oignons.

Photo TPC

Cuire la tête, la fraise, les pieds de veau, la rate et les couennes à l'eau légèrement salée avec thym, laurier, poivre, jusqu'à pouvoir enlever les os. Couper en morceaux les viandes et les disposer dans une casse et rectifier l'assaisonnement. Ajouter sel et poivre, 1 dl d'eau de vie, une bouteille de muscadet. Laisser mariner 1 heure.
Fricasser 2 ou 3 oignons. Y rajouter un peu de bouillon de cuisson des viandes.
Finir par 2 heures de cuisson à four chaud th. 7 (210°). Cuire jusqu'à l'évaporation pratiquement complète. Laisser refroidir.

Déguster avec des galettes de sarrasin chaudes. La casse se déguste froide ou chaude.

Pâté rennais

C'est une préparation typique bretonne, utilisant de la couenne précuite.

Préparation : 30 mn
Temps de cuisson présumé : 2 h à 2 h 30
Température à cœur : 78°
Réfrigération avant consommation : 24 h

Ingrédients :

300 g de gorge de porc,
350 g de gras de porc,
350 g de foie et de cœur (par moitié),
70 g de couenne précuite,
1/2 botte de persil (seulement les sommités),
20 g de sel,
3 g de poivre,
2 g de 4 épices,
thym et laurier pour la cuisson de la couenne.

Photo TPC

Précuire pendant 30 mn la couenne dans de l'eau avec sel, thym et laurier. Égoutter.
Passer toutes les viandes préalablement découpées en morceaux au hachoir grille moyenne, ajouter les aromates, mélanger soigneusement avec une cuillère en bois pendant 5 mn pour une bonne liaison de l'ensemble.
Garnir la terrine. Avec le dos d'une cuillère mouillée, lisser la surface de celle-ci. Mettre au four préchauffé th. 7 (210°) pendant 10 mn, puis baisser au th. 4 (120°).
La cuisson est longue : 2 h à 2 h 30. Vérifier au thermo-sonde la température à cœur qui doit être de 78°.

Pâté rustique des Landes

C'est un pâté de très haute qualité, haché à la grille moyenne, cuit en terrine ou en moules bardés, sans crépine.

Préparation : 30 mn
Macération : 48 h
Temps de cuisson présumé : 2 h à 2 h 30
Température à cœur : 75 à 78°
Réfrigération avant consommation : 36 h

Ingrédients pour 8 ou 10 personnes :

300 g d'échine de porc,
300 g de gorge de porc,
300 g de foie de porc,
2 œufs entiers,
50 g d'oignons,
15 cl d'armagnac,
18 g de sel,
2 g de poivre,
saindoux.

Saler et mettre en macération pour 48 h au frais, échine, gorge, foie et armagnac.
Cuire l'oignon haché très fin avec un peu de saindoux.
Hacher le foie à la plaque moyenne 8 mn. Ajouter les œufs, l'oignon cuit, mélanger soit à la spatule pendant 5 mn, soit au mélangeur, ce qui est préférable.
Hacher la viande avec la même plaque, ajouter le liquide de macération, mélanger longuement.
Mouler en terrine. Cuire au four th. 5 (150°) de 2 h à 2 h 30. Vérifier au thermo-sonde la température à cœur : 75 à 78°.

Pâté rustique des Landes (autre recette)

Préparation : 30 mn
Temps de cuisson présumé : 1 h 30 à 2 h
Température à cœur : 75 à 78°
Réfrigération avant consommation : 24 h

Ingrédients :

400 g de chair à saucisse genre Toulouse,
400 g de couenne,
60 g d'oignons,
10 g de sel (la saucisse étant déjà salée),
3 g de poivre,
thym, laurier,
saindoux.

Cuire à l'eau non salée avec thym, laurier pendant 1 h 20, jusqu'à ce que la couenne soit cuite.
Égoutter et dès que la préparation est froide, hacher à la grille moyenne.
Hacher finement les oignons et les cuire dans un peu de saindoux.
Conserver le jus de cuisson et le réduire à la valeur d'un verre, le mélanger à la chair à saucisse et à la couenne. Ajouter sel et poivre, mélanger à la spatule pendant 5 mn pour assurer une bonne liaison de l'ensemble.
Garnir une terrine. Cuire au four th. 5 (150°) de 1 h 30 à 2 h. Vérifier au thermo-sonde la température à cœur : 75 à 78°.

« Petits pâtés de saumon »

Préparation : 1 h
Temps de cuisson présumé : 20 à 25 mn
Température à cœur : 75°
Consommation : de suite

Ingrédients pour 6 personnes

600 g de pâte à coulibiac N° 1,
300 g de saumon frais pesé sans peau ni arêtes,
60 g de champignons de Paris (petits),
1 échalote hachée,
1 cuillère à soupe de persil haché,
2 œufs durs,
3 filets d'anchois à l'huile,
50 g et 50 g de beurre,
sel, poivre du moulin,
1 ou 2 jaunes d'œuf,
jus de citron pour la cuisson des champignons.

Photo TPC

Laver et préparer les champignons, les couper en lamelles, les sauter au beurre avec le jus de citron, ajouter l'échalote sans la colorer, le persil avec sel et poivre.
Abaisser la pâte à coulibiac et y découper 6 ronds de 13 à 14 cm.
Faire dans le saumon 6 escalopes et les sauter au beurre, sans les cuire. Dresser dans les abaisses de pâte et dans un même sens longitudinal, le saumon, les champignons, avec l'échalote, un quartier d'œuf et un demi-filet d'anchois, coupé dans sa longueur. Saler et poivrer. Passer à l'œuf le tour de l'abaisse, souder les bords pour en faire un chausson.
Laisser la pâte reposer 30 mn pour pousser, à la température de la cuisine, puis passer de l'œuf sur le chausson. Cuire au four préchauffé au th. 7 (210°) pour une cuisson à cœur de 75°.

Pâté de viande

Préparation : 40 mn
Temps de cuisson présumé : 1 h 30 à 2 h
Température à cœur : 80°
Réfrigération avant consommation : 36 h

Ingrédients pour 15 personnes :

400 g d'épaule de porc,
600 g de gorge de porc,
300 g de viande de veau maigre,
2 dl de crème,
5 cl de cognac,
crépine (facultatif),
4 œufs,
20 g de sel,
2 g de poivre,
4 g de 4 épices,
30 g de gélatine en poudre (si elle est déjà salée, en tenir compte),
On peut remplacer la viande de veau par du lapin ou du gibier.

Hacher la totalité de la préparation à la grille moyenne, après avoir découpé les viandes en morceaux.
Incorporer la crème, les œufs, le sel, le poivre, les 4 épices, la gélatine, le cognac.
Bien mélanger l'ensemble, soit à l'aide d'un mélangeur ou à la main avec une spatule en bois pendant 5 mn pour obtenir une bonne liaison de l'ensemble.
Disposer ce pâté en terrine et recouvrir éventuellement de la crépine.
Cuire au four th. 6 (180°). Vérifier la cuisson au thermo-sonde pour obtenir une température de 80° à cœur.

Tourte angevine aux prunes

Préparation : 20 mn
Temps de cuisson présumé : 25 à 30 mn
Consommation de suite possible

Ingrédients pour 6 personnes :

500 à 600 g de feuilletage,
18 à 24 prunes sans noyaux,
150 g de sucre,
1 œuf ou 2.

Découper dans la pâte feuilletée 2 cercles de 18 et 26 cm de diamètre. Disposer le cercle de 26 cm sur une plaque et répartir les prunes et saupoudrer le sucre dessus. Puis recouvrir avec le cercle de 18 cm, refermer (comme sur la photo) et prévoir une cheminée d'évacuation de la vapeur.
Dorer l'ensemble de la tourte à l'œuf battu.
Introduire au four préchauffé au th. 7 (210°), puis baisser de suite au th. 6 (180°) pour une cuisson qui se juge à une coloration soutenue de la pâte.

Cette tourte angevine peut se déguster tiède.

Tourte aux fruits secs

Préparation : 50 mn

Ingrédients :
600 g de pâte à coulibiac N° 1,
400 g de vert de feuilles de bettes sans les côtes,
60 g de raisin blond,
60 g de raisins de Corinthe,
60 g de pignons de pin,
100 g d'abricots secs hachés,
2 figues hachées,
5 cl de marc de Provence,
3 œufs,
1 œuf plus un jaune pour la dorure,
100 g de sucre en poudre,
Sucre glace (facultatif), pour la présentation de la tourte.

Blanchir 3 mn dans de l'eau bouillante les feuilles de bettes. Les égoutter et les presser fortement pour en extraire l'eau, les ciseler finement. Dans un saladier, disposer les bettes et tous les ingrédients avec les œufs battus.
Découper dans la pâte à coulibiac 2 cercles de 18 et 26 cm de diamètre. Disposer le cercle de 26 cm sur une plaque et répartir la préparation. Puis recouvrir avec le cercle de 18 cm, refermer. Dorer l'ensemble de la tourte au jaune d'œuf.
Introduire au four préchauffé au th. 7 (210°), puis baisser de suite au th. 6 (180°) pour une cuisson qui se juge à une coloration soutenue de la pâte.

Cette tourte se déguste tiède ou froide.

Tourte pommes à la cannelle

Préparation : 20 mn
Temps de cuisson présumé : 25 à 30 mn
Consommation de suite

Ingrédients pour 6 personnes :

- 500 à 600 g de feuilletage,
- de 3 à 4 pommes golden,
- 150 g de sucre,
- 1 cuillère et demie à café rase de cannelle en poudre, ou plus,
- 40 g de beurre,
- 1 œuf ou 2 pour la dorure.

Eplucher les pommes et les couper en morceaux, les sauter au beurre et y verser le sucre mélangé à la cannelle, puis laisser refroidir. Découper dans la pâte feuilletée 2 cercles, 18 et 26 cm de diamètre. Disposer ce dernier sur une plaque et y déposer les pommes. Recouvrir avec le cercle de 18 cm. Refermer (comme sur la photo de la page 118). Prévoir une cheminée d'évacuation de la vapeur.

Dorer l'ensemble de la tourte à l'œuf battu.
Introduire au four préchauffé au th 7 (210°), puis baisser de suite au th 6 (180°) pour une cuisson qui se juge à la coloration soutenue de la pâte. Peut se déguster tiède.

Terrine de fraises

Préparation : 30 mn

Ingrédients pour 4 ou 5 personnes

500 g de fraises équeutées,
400 g de sirop de fraise,
300 g d'eau,
10 feuilles de gélatine.

T. fruits

Utiliser le récipient de votre choix, il suffit qu'il soit légèrement huilé. Faire ramollir la gélatine dans de l'eau froide.
Tiédir à 30° environ le mélange sirop et eau, incorporer alors la gélatine, bien mélanger à l'aide d'un fouet.
Disposer les fraises coupées en deux, au fond du récipient et sur les bords, remplir l'intérieur du récipient, de fraises coupées ou entières.
Verser le sirop rapidement sur les fraises.
Attendre la prise au froid (positif) avant de démouler.

Terrine de poire Belle Hélène

Préparation : 40 mn
Dégustation : après la prise de la gelée

Ingrédients pour 6 ou 8 personnes :

1 moule rectangulaire de 1,2 litre,
3 boîtes 4/4 de poires au sirop,
6 cl de Grand-Marnier ou mieux d'alcool de poire,
15 feuilles de gélatine,
le jus d'une boîte de sirop.

Pour la sauce :

100 g de chocolat amer,
1 dl de crème,
30 g de beurre,
des amandes grillées.

Égoutter les poires en conservant le jus d'1 boîte. Les disposer dans un moule de préférence métallique.

Faire tremper les feuilles de gélatine à l'eau froide et les verser dans le sirop, légèrement tiède. En recouvrir la terrine de poire.

Un petit passage au chaud, four ou flamme du gaz, en facilitera le démoulage.

Pour la sauce : faire fondre le chocolat au bain-marie, y ajouter la crème et le beurre. Bien mélanger avec un fouet et laisser légèrement refroidir.

Servir froides les tranches de terrine avec la sauce chocolat tiède.

Table des recettes

© Impression réalisée par l'imprimerie Pollina à Luçon (Vendée)
pour le compte des éditions Jean-Paul Gisserot
en août 2002

N° d'impression : n° L94069

Dépôt légal : septembre 2002

Imprimé en France